Paternidad:

ahí donde se juntan
el cielo y la tierra

Paternidad:
ahí donde se juntan
el cielo y la tierra

Hugo D. Cruz Rivas

Editorial **ARJÉ**

2017

© 2017 Hugo D. Cruz Rivas
© 2017 Editorial Arjé
6703 NW 7th St.
Miami, Florida 33126, USA
Email: info@editorialarje.com

ISBN-10: 0-9980130-8-0
ISBN-13: 978-0-9980130-8-4

Impreso en Columbia, SC.

"En la línea del horizonte, hijos míos, parecen unirse el cielo y la tierra.Pero no, donde de verdad se juntan es en vuestros corazones, cuando vivís santamente la vida ordinaria."

San Josemaría Escrivá

Contenido

Parte I: A solas con Dios

Parte II: Con Dios y con la familia

Bibliografía

Prólogo

Manuel Ángel Pérez Lara

Rector de la Universidad del Istmo (Guatemala)

Imagino que el Dr. Hugo Cruz me buscó para que escribiera el prólogo de este libro con el propósito de que aquilatara el contenido del mismo, a raíz de mi experiencia como padre de familia numerosa -tengo once hijos- y de un trabajo profesional exigente que me ha llevado por casi cuarenta años a trabajar en muchos países y a resolver problemas empresariales de muchas y diversas familias.

Encontré un libro fascinante. Pocas veces un filósofo de profesión es capaz de acercar el cielo y la tierra como él lo hace. Son pequeñas situaciones, las ordinarias, las comunes que nos llevan a Dios, a encontrarle y amarle y el autor comparte sus experiencias de padre, con sencillez pero con gran profundidad ascética.

Denota una gran formación católica y el conocimiento de bastantes textos de varios Papas (San Juan Pablo II y Benedicto XVI, principalmente) pero de forma muy destacada sigue muchos de los consejos del santo de lo ordinario, como lo llamó San Juan Pablo II, San Josemaría Escrivá de Balaguer, fundador del Opus Dei.

Después de la lectura del libro, me parece que sus capítulos pueden ser agrupados mentalmente según algunos temas de fondo que les son comunes.

Un primer grupo es el de la introducción y primeros dos capítulos, en los cuales centra la cuestión en dos mensajes: la santidad es tarea de todos y el padre de familia es tan importante como la madre en el hogar y en la vida de los hijos.

No es un libro para pusilánimes ya que lo plantea para "hombres que quieren ir hasta las últimas consecuencias de su identidad como esposos y padres", indicando que en ese recorrido se encuentra la felicidad. Señala, además, que esa actividad de "padre sirve para santificarnos y santificar a otros o habremos perdido el tiempo". Lenguaje fuerte y directo.

No tiene miedo de denunciar la crisis actual acerca del sentido de la paternidad. Nos explica que Dios quiso que el Redentor "tuviera padre y madre" y que el padre tiene tareas importantes "más allá de engendrar y aportar económicamente". Dios lo "revela con su manera de amar a los hombres a través de Jesucristo" y del modelo que nos propone: San José.

Trae en su lógica lo revelado en la epístola de san Pablo: que Dios nos eligió desde antes de la constitución del mundo y yo agrego algunas palabras no textuales de San Josemaría: "cuando Dios elige un instrumento le comunica las gracias para que pueda realizar la tarea para la cual ha sido elegido". "Se desprende de todo ello la importancia de la familia, porque sólo en este contexto nuestros hijos crecerán con el sentido de que fueron amados antes de nacer, de que son deseados y de que son necesarios para la felicidad de otros." Todo esto genera compromiso.

El segundo grupo comprende, desde mi punto de vista, los capítulos "La ayuda del Padre", "En Misa con los peques", "Meditar el Santo Rosario como esposo y como padre" y "Meditar el Padrenuestro como esposo y como padre".

En el capítulo "La ayuda del padre", el autor parte de un supuesto importante: la gracia, la ayuda de Dios viene por los Sacramentos. "El ve mi debilidad y me ofrece su ayuda – los sacramentos-". Cumplir con los deberes de padre sin los sacramentos quedaría en un plano chato, meramente humano, sin trascendencia. Los sacramentos son los que dan el relieve y con ello la perspectiva, pero el tomar esa ayuda queda en cada uno, Dios no obliga pues "la libertad está por medio".

La Misa cobra especial relevancia para la familia y el autor la presenta como estupenda ocasión para crecer en vida espiritual en medio de los ajetreos cotidianos, tal como lo describe "En la Misa con los peques". Ocasión de adorar, de dar gracias, pedir perdón y pedir ayuda, al final, la asistencia a Misa se convierte en un testimonio de amor para la comunidad de los fieles.

El capítulo sobre la meditación del Santo Rosario empieza con un consejo parafraseando al Beato Álvaro del Portillo: al rezar hay que pensar " quién le dice qué cosa a quién". A continuación, desglosa cada misterio y se entrevé que está experimentando luces fruto de la oración; se aprende de la serenidad de Nuestra Madre la Virgen María; de la generosidad, hasta la entrega de nuestros hijos a Dios; de dejarnos sorprender por las maravillas que Dios nos revela en esos misterios.

Al final, es un Rosario de peticiones y un medio de adquisición de virtudes humanas si lo rezamos constantemente. El contemplar los misterios también es un medio de formación y vida de fe.

Por otra parte, se han escrito numerosas páginas de meditación sobre el Padrenuestro. Papas, teólogos, obispos, santos… pero la novedad de esta meditación que presenta Hugo Cruz radica en que el punto de vista es el de un padre de familia. Por decirlo de alguna manera, es una perspectiva como de abajo hacia arriba, de alguien practicante de la llamada vida ordinaria que el autor nos recuerda y que reboza del amor de Dios.

El tercer grupo podría ser el de los capítulos "La fiesta permanente", "Rezar antes de comer y antes de dormir", "Desvelos y Jaculatorias", "Orar por la vocación de los hijos", "Vida de piedad: orar para sostener", "Corregir a los hijos: el trago amargo y la lucha interior, y "La enfermedad de los hijos".

En estos capítulos, el autor toca distintos "momentos" de la vida del padre de familia, importantes e intrínsecamente unidos a su función. En "La fiesta permanente" afirma que "Cuando se vive en Dios y para Dios, los motivos para dar gracias y para celebrar nunca faltan." Son tiempos en el día para recordar que estamos en presencia de Dios.

Por otro lado, una parte importante de la vida de un padre es la de los desvelos. Me parece especialmente llamativo ese capítulo, titulado "Desvelos y jaculatorias" porque, aunque soy un mal pintor, sé bien que los cuadros que arrojan más luz son aquellos donde contrastan los colores claros y oscuros, a eso que el autor llama ocasiones buenas y malas. Los desvelos permiten ese contraste y son inevitables, así que más vale sacarles provecho.

Esos "momentos" de la vida del padre de familia son ocasión para adquirir virtudes como la sencillez de alma que nos permite no ser obstáculo a la gracia de Dios en nuestros hijos; la fortaleza al momento de corregir; el reconocimiento del sacrificio de nuestros padres y sabernos también necesitados de corrección; en la enfermedad: reconociendo nuestras limitaciones e infundiendo en los hijos serenidad y paciencia.

El cuarto y último grupo podría ser el de los capítulos "El padre y su esposa", "El anillo de boda", "Trabajo fuera de casa", "El miedo a ser padre y el miedo a tener hijos" y "Metas, sueños e ilusiones: vivir de fe".

En esta parte el autor toca temas de fondo y define la finalidad de la obra: "el sentido de la vida del esposo es buscar la felicidad de la esposa y ella es su camino concreto para alcanzar la santidad". Esta es, desde mi punto de vista, la idea central del libro aunque va un poco más allá, hacia la comprensión de lo que cada uno aporta a la relación conyugal como esposa y esposo, padre y madre, desembocando en un papel complementario y facilitador.

Trae a colación una idea muy sugerente: la forma redonda del anillo que no tiene principio ni fin porque la vocación al matrimonio es total, abarca todo nuestro ser. Llevar puesto el anillo es un mensaje de exclusividad, realización, plenitud y felicidad.

En "Trabajo fuera de casa", pone en su justa dimensión al trabajo, aclarando que el orden se establece por la finalidad y la finalidad del trabajo para un padre es la familia, por lo tanto el trabajo en sí es un medio. Plantea, además, la necesidad de comunicarlo a toda la familia y hacer surgir de ello una misión.

Finalmente, el autor no deja de estar inmerso en las realidades actuales sobre la familia y propone un procedimiento contra el miedo a los hijos debido a la incertidumbre sobre la situación económica futura, la complicación de horarios, el cambio de estilo de vida y el impacto en la carrera profesional. Ese procedimiento es mirar esas situaciones como la oportunidad de aplicar lo aprendido con la lectura de estas páginas: ser generoso, desechar lo superfluo y practicar un confiado abandono en las manos de Dios.

Introducción

La dimensión espiritual

Todos los hombres estamos llamados a la santidad[1]. Y la santidad consiste en la plena identificación y comunión con nuestro Señor Jesucristo. Con la ayuda de la gracia y de un incesante comenzar y recomenzar de nuestra parte, cada uno de nosotros debe llegar a ser otro Cristo, el mismo Cristo[2].

Pero esa santidad se realiza según las circunstancias de cada uno, determinadas a la vez por la especial vocación espiritual que Dios ha infundido en el alma.

Para la inmensa mayoría de los hombres, el llamado de Dios se concreta en la vocación al matrimonio y, por ende, en la misión de formar una familia y sacarla adelante.

En ese sentido, ser esposo y padre de familia es una particular manera de encontrar a Cristo, una específica manera de buscar la santidad, de corredimir.

Corredimir: una palabra que resume de modo pleno el sentido de la vida terrena. Como señaló desde la antigüedad San Agustín, nues-

---

[1]   **Catecismo de la Iglesia Católica** (CIC), números 2013-2014.

[2]   San Josemaría Escrivá, **Es Cristo que pasa**, números 96, 104 y 110, entre otros.

tro corazón ha sido creado para Dios y estará inquieto mientras no descanse en Él. Pero "descansar" el corazón en Dios significa trabajar por construir la sociedad temporal según Él. La labor de todo cristiano se sintetiza en su aporte para encarnar, hacer realidad en cada momento y en cada lugar las infinitas gracias obtenidas por nuestro Señor Jesucristo en el momento de la Redención. Así, la vida de un cristiano es la feliz encarnación de todo lo que Jesucristo hizo posible por nosotros y para nosotros.

Por supuesto, dada nuestra naturaleza humana, hemos de padecer y sufrir, como mínimo, las dificultades propias de cada actividad cotidiana. Pero Dios cuenta con ello y nos permite que ofrezcamos esas dificultades, ese cansancio, esas penas, para identificarnos más con Él, para ser Él. Esa es la corredención a la que estamos llamados. Santificarnos es asumir nuestra misión como corredentores: imitar a Cristo en su entrega incondicional hasta la muerte.

Ser esposo y ser padre es esa maravillosa oportunidad de hacer que el Reino de Jesucristo se realice en una familia, con toda la alegría que esto conlleva –por eso una familia cristiana ha sido calificada como un paraíso anticipado–. Y, por otra parte, es oportunidad para ofrecer las dificultades y ofrecerse uno mismo como holocausto a Dios por el perdón de los propios pecados, y los de todos los hombres y mujeres del mundo.

Es así como ser esposo y ser padre es una manera concreta de ejercer el sacerdocio común de los fieles[3]. Un esposo y padre se ofrece a sí mismo y ofrece su trabajo y dedicación a la familia, y lo hace

---

3   CIC, números 1546-1547.

sobre el altar que Jesucristo instaura en cada hogar como efecto del Sacramento del Matrimonio.

Por supuesto, aunque todo ello es sublime no está exento de dificultades, porque un padre no deja de ser en el fondo un ser humano necesitado de ayuda. Pero esa necesidad, sobre todo de ayuda espiritual, es lo que da paso a la necesidad de buscar el diálogo con Dios en la oración, de frecuentar los Sacramentos y de luchar cada día contra los propios defectos.

Una familia feliz es un paraíso anticipado, pero al fin de cuentas sólo anticipado; es una peregrinación hacia una nueva patria. Pero es una peregrinación gozosa que tiene sentido, y su sentido es gozar de Dios eternamente.

El propósito de las páginas que siguen es compartir experiencias personales de cómo se pueden aprovechar las situaciones más comunes de la vida en familia para buscar a Cristo, encontrar a Cristo y amar a Cristo.

No es mi propósito insinuar que determinados momentos de intensa vida espiritual sean el estado permanente de un padre de familia. En realidad, la vida de esposo y padre es como esos lienzos tejidos que por el frente muestran algún paisaje hermoso pero que por el revés dejan ver todos los nudos y maniobras que han sido necesarias para darle forma. Ante Dios, la obra se va realizando: un hogar luminoso y alegre, unos hijos que van creciendo con un sentido cristiano de la vida. Pero detrás de ello hay nudos y dificultades. Los momentos de vida espiritual que intento narrar son sólo episodios de una lucha donde a veces hay derrotas. Lo que importa, porque es lo que importa a Dios, es que la lucha sea constante, intensa, optimista, confiada, esperanzada y esperanzadora, tenaz y alegre.

La dimensión sociológica y psicológica

Por otra parte, también decidí escribir todo esto porque percibo en mi entorno mucha confusión sobre el concepto de paternidad y su importancia. Veo varios fenómenos que indican que muchos hombres no tienen ni idea de lo que es ser hombre, esposo y padre. Por ejemplo, la irresponsabilidad de los que abandonan a madre e hijos; la proliferación de medios artificiales para evitar el embarazo, lo cual conduce a un ejercicio irresponsable de la sexualidad, y también la poligamia vivida como un secreto a voces. Es claro que subyace en todo ello una crisis en la forma de entender la masculinidad y la paternidad.

No me extenderé en toda esa problemática social. Pero sí quiero mencionar que las ciencias sociales han hecho un papel estupendo en los últimos años. Han mostrado por diferentes vías que el padre es tan importante como la madre en el hogar y en la vida de los hijos. También han presentado datos convincentes sobre la importancia de la fidelidad conyugal y del matrimonio de uno con una, para siempre y abierto a la vida[4]. Dándolo por sentado, y esperando que esos estudios se traduzcan en modificación de políticas públicas y de paradigmas de educación, quise dar un paso más allá. Quise poner por escrito algunas reflexiones y meditaciones acerca de la implicación espiritual de ser padre y esposo.

---

4   Sugiero la lectura de: Poli, O. (2012), "Corazón de padre. El modo masculino de educar"; Alvare, H., Aguirre, M.S., Arkes, H. et al. (2007) "Matrimonio y bien común: los diez principios de Princeton" (2007); y Bradford Wilcox, W. (2006), "El Matrimonio importa".

Como decía San Josemaría Escrivá, las crisis mundiales son crisis de santos[5]. Esto significa que las crisis mundiales de cualquier tipo –políticas, económicas, espirituales, etc. – tienen su raíz en la falta de correspondencia de los hombres al llamado de Dios. Por lo tanto, la solución debe pasar por un compromiso personal para buscar la santidad. "Ahogar el mal en abundancia de bien", es otra de sus frases, tan sustanciosa como retadora[6].

Las crisis mundiales se deben superar por elevación. Es decir, no se resolverán con ataques frontales de ningún tipo, contra nada ni contra nadie. Por elevación: pasando por encima del mal y encaminándose a lo más elevado de que es capaz el ser humano: la identificación con Jesucristo.

Así que este libro va dirigido a los hombres que quieren ir a las últimas consecuencias de su identidad como esposos y padres. En última instancia, para ser felices, o bien nuestra actividad como padres sirve para santificarnos y santificar a otros, o habremos perdido el tiempo. Como todo lo humano, o sirve para acercarnos a Jesucristo, o siempre nos parecerá una actividad sin sentido.

En esta época de crisis de la masculinidad y, por ende, del sentido de la paternidad, me parece oportuno comenzar hablando sobre la importancia que Dios le da a la paternidad y del gozoso esfuerzo que cada padre debe hacer para identificarse con Cristo en su labor.

---

5   San Josemaría Escrivá, **Camino,** punto 301.

6   San Josemaría Escrivá, Forja, punto 864: "Tarea del cristiano: ahogar el mal en abundancia de bien. No se trata de campañas negativas, ni de ser anti-nada. Al contrario: vivir de afirmación, llenos de optimismo, con juventud, alegría y paz; ver con comprensión a todos: a los que siguen a Cristo y a los que le abandonan o no le conocen. Pero comprensión no significa abstencionismo, ni indiferencia, sino actividad."

Una reflexión me inspira. Dios, en su omnipotencia, hubiese podido obrar la Redención sin Encarnación. Pero no fue así. De hecho, quiso que hubiese Encarnación, que el Redentor tuviese padre y madre y que juntos formasen la Sagrada Familia, modelo de todas las demás. Y San José jugó un papel importante en la formación de la Humanidad Santísima de nuestro Señor Jesucristo. De allí deducimos que ser padre tiene sentido y es importante. La paternidad, al igual que la maternidad, juega un papel relevante en la formación de los hijos de Dios. Toca a cada padre descubrir ese sentido en su propia experiencia.

Por otra parte, siempre he pensado que el amor humano ayuda a comprender el amor divino y que el amor divino ayuda a fortalecer y dar sentido al amor humano.

La vida del cristiano debe ser ese constante poner en perspectiva sobrenatural lo que acontece cada día. Con este libro quiero compartir lo que he visto cuando pongo delante de Dios mi labor como padre. Lo que resulta es lo más motivador que existe: ser padre es una maravillosa manera de buscar la santidad en medio del mundo. Ser madre también, por supuesto. Pero las circunstancias actuales que he señalado, siendo yo mismo esposo y padre, exigen que hablemos del padre porque es el gran ausente en la sociedad actual.

¿Qué es un padre? ¿Para qué sirve ser padre más allá de engendrar y aportar económicamente a la familia? Dios tiene la respuesta y la revela con su manera de amarnos, a través de Jesucristo; y también por medio de la figura de San José, nuestro padre y señor.

Parte I: A solas con Dios

1. Templos inmaculados del Espíritu Santo

La experiencia de cargar a mis hijos para contemplarlos o para arrullarlos me ha llevado en varias ocasiones a meditar, en la presencia de Dios, sobre dos aspectos importantes de nuestra Fe.

El primero es la presencia real del Espíritu Santo en su alma, desde el momento del bautismo. Si pensamos en su cortísima edad y en la fragilidad de su ser, no cabe duda de que al cargar a un bebé tenemos en brazos un verdadero templo inmaculado. De momento, su acción consiste en protegerles de los peligros y animar su pequeño cuerpo para que crezca. Más adelante será el motor de su conciencia y les transmitirá las mociones espirituales que les llevarán a buscar, encontrar, tratar y amar a nuestro Señor Jesucristo.

En el fértil silencio del actuar divino, la presencia del Espíritu Santo tiene un efecto directo sobre nosotros, sus padres, porque mientras los cargamos podemos aprovechar para hacer oración. Por ejemplo, agradecer a Dios que nos haya dado la Fe para llevarlos al bautismo; encomendar desde ya sus aventuras infantiles y juveniles; pedirle al Espíritu Santo que les revele pronto su vocación espiritual. Ante todo, suplicar a Dios, que mora en ellos a través de la tercera persona de la Santísima Trinidad, que nos ayude como padres a no ser obstáculo para el crecimiento espiritual de nuestros hijos.

Quiero decir: si nuestra pobreza interior no alcanza para inspirarles grandes cosas, al menos que no estorbemos con nuestros defectos la labor que Él quiere hacer en ellos y con ellos. Creo que no podemos hacer menos por nuestros hijos: orar desde que nacen, pidiendo lo que sabemos que es bueno para ellos, mientras ellos aún no saben hacerlo.

Y el segundo aspecto en el que podemos meditar mientras cargamos a nuestros bebés, es la vida de San José, nuestro padre y señor. A menudo me pregunto cómo habrán sido esos momentos en los que arrullaba al niño Jesús o cuando, despierto el Niño, el castísimo esposo de la Virgen jugaría a provocarle risas, acariciaría su rostro y se deleitaría, como yo lo he hecho con mis hijos, deslizando la mano por su suave cabello. Qué dicha de ese hombre, y vaya peso el que sentiría sobre sus espaldas.

Todo se conjugaba en la vida de San José: el gozo, la admiración por tan grandes prodigios, la sensación de tener un sus manos un don inmerecido y el enorme sentido de responsabilidad. Lo digo porque, salvando las distancias, justo eso mismo es lo que yo he sentido ante mis hijos. Y la vida de la Sagrada Familia se refleja perfectamente en toda familia cristiana. Como San José, yo también me siento con un don inmerecido en mis brazos, y siento el aguijón de la responsabilidad. Pero las palabras de Jesucristo, recogidas en el Evangelio, ya se cumplían en él y se cumplen en mí y en todo padre: "mi yugo es suave y mi carga ligera"[7]. El espoleo de la responsabilidad se compensa con el gozo de saberse partícipe del poder creador de Dios, el gozo de saberse instrumento de los planes de Dios.

---

7   Mt. 11, 28-30

La vida de un padre cristiano es una misteriosa mezcla de realidades sobrenaturales, quehaceres domésticos, grandes retos económicos, juegos, llantos, cansancio y alegría. Es exactamente la misma vida de la Sagrada Familia. Lógicamente cambia la misión específica, que para San José y Santa María era educar al Redentor; para nosotros, en cambio, operada ya la redención, la misión es poner a Cristo en la cumbre de las actividades humanas, santificarnos en el matrimonio, orar por la santificación de nuestros hijos y de nuestro cónyuge y dar testimonio de vida cristiana en lo cotidiano.

2. Desde antes de la constitución del mundo

Por inspiración divina, San Pablo nos transmite una verdad que es a la vez consoladora y misteriosa. Nos señala que Dios nos ha elegido desde antes de la constitución del mundo y que desde entonces pensó en nuestra vocación, porque nos eligió para que seamos santos[8].

Es difícil comprender esta realidad como tal, pues escapa en esencia a las posibilidades de la mente humana. Implica aceptar y comprender que Dios es anterior al mundo, que es su creador, que tiene una mente infinita y poderosa capaz de pensar en los millones de millones de personas que ha habido y habrá en el mundo y, más aún, no solo capaz de pensar en ellos y de darles la existencia, sino también de amarlos de un modo tierno y personal. Queda claro que la cuestión es en sí misma profunda y con muchas ramificaciones filosóficas y teológicas. El don de la Fe ayuda a comprender, aunque también contribuye una dosis de buena filosofía y de buena teología.

Sin embargo, hay un camino particular de la Fe que ayuda también a comprender ese y otros misterios de la relación de Dios con los hombres. Se trata de ser contemplativos en medio del mundo y, en concreto, abrazar la idea de que el amor humano ayuda a comprender un poco el Amor de Dios. En mi caso particular, la noción de cómo

---

Ef. 1, 4; San Josemaría Escrivá, **Es Cristo que pasa,** 1.

y por qué Dios nos amó –me amó– desde antes de la constitución del mundo, me quedó un poco más clara a partir de que comencé a pensar en la posibilidad de ser padre. Intentaré explicar un poco cómo fue ese proceso y qué es lo que descubrí.

Desde que éramos novios, mi esposa y yo conversábamos largamente sobre nuestros hijos, con la Fe y la Esperanza como telón de fondo. Desconocíamos si Dios nos iba a dar ese don; y si nos lo daba, si seríamos padres de uno o varios hijos, si iban a ser hombres o mujeres, si nacerían fuertes y sanos o con algún problema. Lo único que sabíamos, con ese saber que supera al conocimiento de los sentidos, era que los amábamos desde ya… desde antes de la constitución del matrimonio. Y el amor que había surgido entre nosotros, sumado al deseo de vivir el matrimonio con pleno sentido cristiano, nos llevaba de la mano –desde ese momento y para siempre– a un compromiso por cuidarlos y formarlos de la mejor manera posible. Aún no habían sido engendrados y ni siquiera nos habíamos casado, pero ya los amábamos y ya estábamos dispuestos a todos los sacrificios que fueran necesarios para traerlos a la vida y formarlos cristianamente.

Ahora que tenemos cuatro hijos, veo que aún faltaba mucho camino que recorrer: enamorarse de cada uno al verlo nacer y crecer, aprender a identificar las diferencias entre ellos y formarles respetando sus diferencias, sobrellevar el cansancio que conlleva ser padres y muchas cosas más. Pero no deja de sorprenderme y de parecerme un hermoso misterio cómo el amor de novios y de recién casados es capaz de conducir, no a ideas vagas sobre el futuro, sino a compromisos vitales tan fuertes como este que describo.

Y la meditación de esos sentimientos a la luz de Dios me llevó a entrever cómo es que Él pudo habernos amado desde antes de la existencia misma del mundo. Pero es importante evitar o deshacer el anonimato en ese planteamiento. Dios no ama a la población del planeta como una masa informe, sino a cada uno con nombre y apellido. San Josemaría Escrivá –el santo de la vida ordinaria, como le llamó San Juan Pablo II–, meditando sobre ese aspecto de la paternidad divina tuvo la audacia espiritual de señalar que Dios nos llama por nuestro apelativo familiar[9]. En la paternidad humana se da el reflejo de esa paternidad divina, pues los padres nos ilusionamos con la búsqueda del nombre de nuestros hijos y comenzamos a hablarles por su nombre desde que están en el vientre materno, o incluso desde antes.

En mi experiencia como padre ha sido muy enriquecedor hablar en voz alta con mis hijos cuando estaban en el vientre de mi esposa. Mientras lo hacía, pensaba en que efectivamente Dios me formó y me dio una vocación desde antes de la constitución del mundo, que me eligió unos padres, que permitió que yo fuera engendrado y bautizado, que en su momento me otorgó determinadas mociones espirituales, y que espera de mí una específica correspondencia a la gracia. Y todo ello es el hablar misterioso de Dios conmigo, con nombre y apellido, incluso por mi apelativo familiar. Y me conmueve también que quiso dejar a la voluntad de mis padres el nombre con que Él habrá de llamarme en el momento de la muerte.

El Cardenal Ratzinger, Papa Emérito Benedicto XVI, señaló en Dios y el mundo que "lo importante para cualquier persona, lo primero que da importancia a su vida, es saber que es amada. Precisamente

---

9   San Josemaría Escrivá, **Forja**, 7.

quien se encuentra en una situación difícil resiste si sabe que alguien le espera, que es deseado y necesitado. Dios está ahí primero y me ama. Esta es la razón segura sobre la que se asienta mi vida, y a partir de la cual yo mismo puedo proyectarla"[10].

Por eso hemos de agradecer a Dios que se nos haya revelado como padre amoroso y misericordioso. Porque así nuestra vida transcurre con la serenidad y la alegría de sabernos amados incondicionalmente por Alguien que ama con perfección y como padre.

Al meditar sobre el amor a nuestros hijos desde antes de que nacieran, veo que si un hombre común es capaz de enamorarse de sus hijos y de comprometerse con ellos antes de que nazcan, cae por su propio peso que Dios, en su omnipotencia y en su sabiduría y misericordia infinitas, sea capaz de amarnos a cada uno de una forma personal y absoluta desde antes de que existiésemos. Es más, comprendo ahora la hondura de mi filiación divina.

Aun tomando en cuenta mi amor y el compromiso que he adquirido con mis hijos, por mi propia naturaleza, en rigor no seré capaz de darles más que algunas luces sobre la Fe y algunos buenos consejos para la vida práctica, que espero les sean útiles. Sin embargo, Dios me ha dado el ser, la existencia, la Fe, la vocación y se me da Él mismo en la Eucaristía. Yo solo soy un instrumento suyo para la existencia de mis hijos, soy su padre y debo esforzarme por serlo en plenitud cristiana; pero Él es su Padre Celestial, que les ha dado también a ellos esos mismos dones.

---

10   Ratzinger, J. (2005), **Dios y el mundo**, "Introducción", p. 20.

Visto así, es más fácil comprender la función de San José, nuestro padre y señor, en el plan divino. Dios le escogió como padre terrenal de su Hijo, no en cuanto a engendrarle humanamente pero sí en cuanto a amarle y entregarse a Jesús, con perfecta paternidad humana. La relación entre Dios, mis hijos y yo me parece similar: yo soy el instrumento pero Él es el Padre.

Se desprende de todo ello la importancia de la familia: solo en ese contexto nuestros hijos crecerán con el sentido de que fueron amados desde antes de nacer, de que son deseados y necesarios para la felicidad de otros. Como señaló el Cardenal Ratzinger, de eso dependerá que sean felices porque se sabrán amados desde siempre.

3. La ayuda del Padre

Todos sabemos que los juegos son imprescindibles para la formación de los hijos. Y los hay de diferentes tipos: los que desarrollan la motricidad fina o gruesa, los que ayudan a la sociabilización, los que desarrollan destrezas mentales, los que les ayudan a relajarse… y cada uno de ellos con las más ingeniosas variantes.

Y resulta de gran provecho meditar, durante esos juegos, sobre el amor de Dios a sus hijos. Por ejemplo, un día, mientras mi hija mayor intentaba subir las escaleras de un pequeño resbaladero, asocié mi función en ese momento con la ayuda que Dios Padre brinda a sus hijos en el momento de las dificultades.

Mi hija estaba pasando trabajo para subir las pequeñas escaleras, pero estaba empeñada en lograrlo y, además, parecía disfrutar del reto y del momento. Me coloqué cerca para estar listo por si resbalaba; ella vio mis pies de reojo y continuó con más ahínco. Entendí que no debía interrumpirla y mucho menos "resolver" su problema. Me pasó por la mente que con ese esfuerzo ella estaba ejercitando sus músculos, que gastaría energía y eso le generaría apetito, cosa importante para una nena que a veces nos preocupó por su bajo peso. En general, consideré importante que luchara. En el último peldaño extendí mi mano y ella la aceptó. Subió a la cumbre, se colocó en el deslizador, intenté retirar la mano pero lo impidió, se lanzó, lo disfrutó y percibí que mi ayuda le había dado seguridad.

En ese momento me quedó más claro cómo actúa Dios con cada uno de nosotros en las dificultades de la vida, ya sean cotidianas o extraordinarias. Pensé en un amigo filósofo, quien en algún momento usó el término "teología ficción", refiriéndose con humor a un ejercicio que a veces conviene hacer: ¿qué pasaría si Dios fuese y actuase diferente a como es y actúa? En concreto, ¿qué pasaría si Dios fuese paternalista, si resolviese con un chasquido de dedos todas nuestras dificultades? Está claro que la misma idea causa repulsión; careceríamos de algo de lo cual muchos están orgullosísimos como seres humanos –con recta razón o no–: la libertad. Seríamos marionetas de alguien más cercano a un titiritero que a un Dios personal y amoroso como el nuestro.

Saliendo de la ficción, volviendo a la realidad, vemos y comprendemos que Dios nos ama como padre. Pero el amor bien comprendido no es paternalista. Quien ama, quiere lo mejor para el amado; y lo mejor para un hijo que se está formando es que aprenda a resolver dificultades, que desarrolle los mecanismos físicos y mentales con los que se le dotó precisamente para arreglárselas inteligentemente en la vida.

Dios Padre no es un Dios ausente de nuestra historia ni de la historia del mundo. Al contrario, su presencia en mi vida es tan real como la mía ante mi hija cuando quería subir las pequeñas escaleras. Dios me hace saber que está cerca, yo percibo de reojo que está allí y siento seguridad al saberlo, Él pone las condiciones para que yo "juegue", y yo juego. Luego, ve mi debilidad y me ofrece su ayuda –los Sacramentos–. Como adulto, decido si quiero aprovecharlos o no: es el drama de la libertad humana. Si los acojo, logro llegar a la cumbre. Si los rechazo… depende cuál sea mi meta… a lo mejor lo consigo de todas formas, pero algo cambia sustancialmente: lograría algo que no hizo crecer mi espíritu, solo quedó en logro humano. He ahí el drama de la santificación en medio del mundo: depende de una sensibilidad al llamado de Dios, que puede variar en el tiempo. Él siempre estará allí, está allí, ofreciendo su ayuda. La libertad está de por medio. Por eso es importante educar la voluntad para que quiera lo que es conveniente querer: escoger la ayuda de Dios.

4. Meditar el Santo Rosario como esposo y como padre

El Santo Rosario es un compendio de las Sagradas Escrituras y al meditar cada uno de sus misterios revivimos intensamente la historia de la salvación. Es una devoción agradable a la Virgen María y por ende a Dios. En sus apariciones, nuestra Señora nos lo ha recordado reiteradamente.

Por una parte, siguiendo la sugerencia de San Josemaría Escrivá, al rezar el Rosario podemos imaginarnos como un personaje más en cada misterio. Ante todo, contemplar la presencia y la actitud de nuestra Santísima Madre en cada una de las escenas. Es conveniente contemplar a Nuestra Señora en cada momento, como protagonista o como fidelísima acompañante de nuestro Señor Jesucristo, en esos pasajes que providencialmente han sido elegidos como misterios de cada día.

Pero, por otra parte, es importante no hacerlo como un rezador anónimo. Es necesario, como sugirió el Beato Álvaro del Portillo, que al momento de rezar pensemos quién le dice qué cosa a Quién.

Al considerar lo anterior, me parece que los padres de familia debemos rezar cada misterio del Santo Rosario conscientes de nuestra identidad como esposos y padres. En lo personal, he encontrado un gozo y una paz enormes enfocando cada misterio desde esa identidad.

Misterios Gozosos

Primer misterio: la Anunciación y Encarnación de nuestro Señor Jesucristo

Con la Anunciación y Encarnación, además de dar inicio histórico a la Redención misma, Dios quiso enviar el mensaje de que la familia es esencial para nuestra formación humana y espiritual. O, dicho de otra manera, en esa providencia divina podemos leer también la importancia que Dios le concede para el crecimiento humano. La familia como tal es tan importante que Dios mismo ha querido que su Hijo, al encarnarse, lo hiciera en el seno de una verdadera familia.

La Redención pudo haber ocurrido de cualquier otra manera que la omnipotencia divina hubiese querido, pero el hecho es que escogió a la familia como institución necesaria e indispensable para que tanto su Hijo Unigénito como nosotros, sus hijos adoptivos, nos hagamos viables biológicamente hablando y crezcamos en virtudes humanas y sobrenaturales.

Petición: Santísima Virgen María, te pedimos que cesen los ataques contra la vida incipiente y contra el matrimonio, y que se fortalezca la familia como institución; también, que cada vez haya más padres y madres que entiendan esa identidad como algo central del llamado que Dios les hace. Santa María: ruega por las familias, por los matrimonios, por los padres y por las madres.

Segundo misterio: la visita de nuestra Señora a su prima Santa Isabel

Nuestra Señora nos dejó esa hermosa muestra de generosidad y de entrega, pues apoyó a su anciana prima sin importar el esfuerzo que significaba para ella.

Durante los cuatro embarazos de mi esposa y en las semanas siguientes al nacimiento de nuestros bebés, cada lunes y cada sábado la he encomendado a la Virgen para que, así como tuvo aquel detalle maravilloso con su parienta, lo tenga con la madre de mis hijos; que así como pidió por la madre de Juan el Bautista, interceda también por nuestros embarazos; que así como asistió a aquella mujer en sus dificultades, no cese de interceder por mi esposa en esas épocas tan importantes de nuestra vida familiar.

Como padre de familia y como esposo he encontrado en este misterio un consuelo, un remanso, un generador de esperanza, un tranquilizante espiritual, un renovador de la ilusión.

Petición: Señora, madre nuestra, te ofrezco este misterio por todas las mujeres embarazadas y por todas las madres del mundo, en especial por las que sufren la ausencia de un esposo y de un padre para sus hijos. Y confío en que poco a poco, con tu maternal intercesión, habrá más padres responsables en el mundo.

Tercer misterio: el nacimiento del Hijo de Dios en Belén

Si el segundo misterio gozoso es ideal para encomendar a nuestras esposas durante el embarazo y a nuestros hijos recién nacidos, el tercer misterio gozoso me parece el idóneo para encomendar el momento del nacimiento. Al rezarlo antes y durante el parto, he acostumbrado encomendar que, por la maternal intercesión de Nuestra Señora, Dios le conceda a mi esposa la salud y la fortaleza física y espiritual que se requieren para ese momento tan intenso. A nadie escapa que, sea natural o por cesárea, el parto es un momento difícil, tanto para la madre como para el hijo. La pericia de los médicos y la tecnología han disminuido los riesgos pero no deja de existir ni desaparece la probabilidad de complicaciones.

Petición: Madre nuestra, tú que siempre estás dispuesta a interceder por nosotros, ruega para que los padres sepamos ver el sentido sobrenatural del embarazo y de la maternidad y encontremos en ello un motivo más para entregarnos a Dios, a nuestra esposa y a nuestros hijos.

Cuarto misterio: la presentación del niño Jesús en el templo y la purificación de nuestra Señora

Este misterio recoge una muestra de la humildad de Santa María y San José. Alguien ha señalado el contraste: la Sagrada Familia, la Madre del Redentor y el santo varón escogido por Dios, acuden callando la divinidad de su tarea y se someten a las normas de su religión.

Sin duda es un ejemplo para los padres de familia. Nosotros, como parte del pueblo de la nueva alianza, tenemos preceptos perfeccionados por Jesucristo mismo. De la presentación de los hijos –que aún se conserva como santa devoción– hemos pasado al bautismo, y de la purificación hemos pasado al mandamiento de la Iglesia de confesarnos al menos una vez al año. Así que hemos de vivir con piedad esos preceptos.

Petición: Santísima Virgen, intercede para que crezcan en nosotros las virtudes de la piedad y de la religión y para que eduquemos a nuestros hijos de tal manera que respeten en todo la voluntad de Dios.

Quinto misterio: el niño Jesús perdido y hallado en el Templo

Al tercer día, Santa María le habla así a Jesús: "Hijo, ¿por qué nos has tratado así? Mira que tu padre y yo te buscábamos angustiados". (Lc 2, 48).

María y José son conscientes de la trascendencia de su misión: son los padres del Hijo de Dios. Ambos han recibido la revelación clara y precisa de Quién es su Hijo. Sin embargo, la escena que recoge este quinto misterio gozoso nos habla de un momento en que también ellos se vieron desbordados por la acción misma de Dios Hijo.

Benedicto XVI, al explicar este pasaje escribe: "La palabra de Jesús es demasiado grande por el momento. Incluso la fe de María es una fe "en camino", una fe que se encuentra a menudo en la oscuridad, y debe madurar atravesando la oscuridad. (…) Las palabra de Jesús son siempre más grandes que nuestra razón."[11]

---

11   Ratzinger, J. Benedicto XVI, **La infancia de Jesús**, Epílogo: "Jesús en el templo a los 12 años".

Petición: Virgen María, Señora nuestra, con este misterio te pedimos que si hemos de ser sorprendidos en el camino, que sea por una entrega intensa de nuestros hijos a las cosas de su Padre Dios y que, llegado ese momento, reaccionemos como tú y como San José, con serenidad y meditando todas esas cosas en nuestro corazón. Concédenos la sabiduría para educar y comprender a nuestros hijos.

Misterios Dolorosos

Primer misterio: la oración en el huerto

Hemos de sacar esta conclusión de la lectura: Jesús no hace oración como reacción ante una crisis. A lo largo de los Evangelios encontramos numerosos pasajes en los que se nos muestra a Jesucristo haciendo oración. Seguramente, el hecho de ver esa constancia es lo que movió a los apóstoles a pedirle que les enseñara a orar.

Jesús nos marca el camino con su propia vida. La fortaleza y la serenidad tienen un origen, un soporte: es ese diálogo frecuente con Dios Padre.

Y de Santa María sabemos lo mismo. El ángel Gabriel la encuentra recogida en oración; guarda cada detalle para meditarlo en su corazón; durante los sucesos de la Pasión no podemos imaginarla sino metida en Dios; y al pie de la cruz su mente y su corazón dialogan con Dios.

Petición: Virgen María, Madre de Dios, enséñanos a hacer oración y que seamos constantes en ella. Ayúdanos a convertir los pequeños detalles de la vida familiar en motivo para hablar con Dios. Ayúdanos a hacer de la oración una actitud constante, en las buenas y en las malas, para encontrar en ella las luces y la serenidad que necesitamos como padres.

Segundo misterio: la flagelación de nuestro Señor

Nuestra vida de padres está llena de sacrificios, tribulaciones y luchas. Podemos y debemos comprender todo ello como corredención. Somos corredentores por voluntad divina. Sería un desperdicio tener que padecer nuestra lucha por sacar adelante a la familia sin aprovecharla a la vez para corredimir. Reveses, cansancio, incomprensiones, fracasos en el trabajo, son a veces como golpes de látigo en la espalda.

Petición: Santa María, queremos unir nuestras luchas a la Pasión de nuestro Señor; queremos ofrecer esas luchas a Dios por la conversión del mundo entero, por el perdón de nuestros propios pecados, por el bien de nuestra esposa y de nuestros hijos. Te ofrezco este misterio por estas intenciones. Qué poca cosa ofrezco en el conjunto de acompañar a nuestro Señor en su Pasión. Pero con tu maternal intercesión, estas pocas palabras, estos torpes balbuceos cobrarán eficacia sobrenatural, eficacia de corredención.

Tercer misterio: la coronación de espinas

Hemos de aprovechar este misterio para rectificar la intención de nuestra tarea. Si Dios mismo ha padecido todo esto por mí, por nosotros, por mi familia… ¿qué estoy haciendo con mi vida? Debo compensar con más lucha y más perseverancia, porque mi salvación ha sido comprada a un precio altísimo.

Meditar en los misterios de la Pasión debe servir para sacarnos de la comodidad. Podemos dar más a Dios pero debemos superar la pereza y los respetos humanos. Vale la pena complicarnos la vida por Dios.

Petición: Con este misterio, te pido, Señora Nuestra, que intercedas para que nunca perdamos el norte; que sepamos a qué precio fuimos comprados; que sepamos que la felicidad que Dios nos ha regalado en nuestra familia requiere nuestra correspondencia.

Cuarto misterio: nuestro Señor con la Cruz a cuestas

Este es un misterio cuyo rezo infunde reciedumbre y fortaleza. Un nuevo día de trabajo, otra vuelta a la rueda, hoy quizás más complicado que ayer, imprevistos, incomprensiones, planes que se vienen abajo. Nada que no merezcamos o que no pueda ser llevado al orden sobrenatural.

Cada padre de familia lleva en sus hombros el peso de una gran responsabilidad: educar hijos cuya vida sea agradable a Dios. Pero hemos de aprender a llevar esa cruz como nuestro Señor Jesucristo: con conciencia segura de que vale la pena, con la certeza de estar haciendo la voluntad de Dios Padre, con la esperanza de que el esfuerzo rendirá frutos, con la alegría de saber que Dios premia con la vida eterna.

Petición: Con este misterio te pido, Virgen María, que nos alcances Fe, Esperanza y Caridad mientras vamos en el camino. Que con tu maternal intercesión, seamos constantes en la vida espiritual para que de ahí saquemos fortaleza para el día a día de nuestra labor como padres y esposos.

Quinto misterio: nuestro Señor muere en la Cruz

Es necesario meditar sobre nuestra propia muerte. Al hacerlo, nuestra vida adquiere aplomo y sentido de responsabilidad. Pero esa meditación debe ser con sentido sobrenatural, atentos a la palabra que Quien nos ha dado la vida y la muerte, pues Él mismo nos dice el porqué y para qué de nuestra vida.

Y para un cristiano el paso por la vida efectivamente tiene sentido. El sentido de la vida es ser útil como apóstoles y luego ser merecedores de la vida eterna.

Para el cristiano, morir es cumplir el tiempo querido por Dios para nuestra santificación.

Petición: Te pido, Virgen María, que intercedas por mí para que obtenga el don de la perseverancia final. Que haga con mi labor de esposo y padre una vida con la cual pueda llegar a la muerte con la alegría de haber sido un buen instrumento en las manos de Dios.

Misterios Gloriosos

Primer misterio: la Resurrección de nuestro Señor Jesucristo

Jesucristo resucitado es la razón de nuestra esperanza y la Virgen María es causa de nuestra alegría. Este misterio conduce al júbilo porque en un miércoles o domingo cualquiera nos pone en la sintonía del Domingo de Resurrección; es decir, nos refresca la mente y la mirada. Es un misterio para saborear y reconocer en qué contexto nos movemos. Como dice San Pablo: en Dios vivimos, nos movemos y existimos y Dios Hijo ha resucitado. Por tanto, la vida del cristiano –sacrificada e intensa como debe ser– tiene como telón de fondo y como sentido último la resurrección de nuestro Señor Jesucristo.

Petición: Santísima Virgen María, te pido que intercedas por nosotros para que sepamos hacer de nuestra casa un hogar cristiano, luminoso y alegre; que con tu presencia en nuestros hogares mantengamos viva la alegría profunda de ser hijos de Dios.

Segundo misterio: la Ascensión de nuestro Señor a los Cielos

Imaginamos la mezcla de sentimientos de los Apóstoles al presenciar la Ascensión: júbilo, admiración, alegría, temor y nostalgia. Pero la intervención de aquellos dos "hombres vestidos de blanco" (Hechos 1, 10) les devuelve, por así decirlo, a la realidad. Unos apóstoles que perseveraban en la oración junto con María (Hechos 1, 14) son además removidos a la acción en medio del mundo. El temor que podemos imaginar es el natural de quien sabe que tiene una misión enorme sobre los hombres y desconoce el camino concreto que se ha de recorrer.

Sin embargo, con la ayuda de María más la acción del Espíritu Santo que vendría sobre ellos unos días después, los apóstoles hicieron realidad la expansión del Evangelio.

El mensaje del misterio de la Ascensión es el de la acción intensa en el tiempo, de la mano de María, con fe en que lo que Jesucristo nos pide se hace realidad si somos fieles a su palabra.

Petición: Señora Nuestra, ayúdame con tu intercesión a saber aprovechar el tiempo, para que siga la instrucción de aquellos ángeles: no quedarme parado sino ir a hacer realidad el Evangelio, con mi esposa y con mis hijos en primer lugar.

Tercer misterio: la venida del Espíritu Santo sobre el colegio apostólico

Necesitamos al Espíritu Santo; necesitamos que renueve en nosotros sus siete dones para saborear sus frutos.

Al pedir la venida del Espíritu Santo en nuestra vida cotidiana, lo que estamos pidiendo es que Dios tenga piedad de enderezar o perfeccionar el pobre instrumento que ha escogido para formar a Sus hijos (ser padre en realidad es ser eso, un instrumento). La Esposa del Espíritu Santo lo sabe muy bien y con su maternal misericordia escucha nuestra oración, intercede por nosotros y se hace el milagro de que unos padres imperfectos por naturaleza puedan guiar a sus hijos hacia Dios.

Petición: Señora nuestra, intercede por nosotros para que cada día, con la ayuda del Espíritu Santo, seamos mejores esposos y mejores padres.

Cuarto misterio: la Asunción de nuestra Señora a los Cielos, y Quinto misterio: la Coronación de nuestra Señora como Reina y Madre de todo lo creado

Estos misterios encierran una explosión de alegría y son la ocasión perfecta para dar gracias a la Santísima Virgen por su humildad y entrega, sin la cual la Redención no se habría consumado. Manifiestan la perfecta justicia de la Santísima Trinidad que ha querido darle a la Madre de Jesucristo el lugar que merece.

Petición: Santa María, tú que estás tan cerca de nuestro Señor Jesucristo, ayúdanos a darle gracias por nuestra fe, por nuestro matrimonio, por nuestros hijos; porque en tus manos nuestra oración será más agradable en su presencia.

Misterios Luminosos

Primer misterio: el bautismo de nuestro Señor Jesucristo

El bautismo de Juan era esencialmente distinto al bautismo con el Espíritu que nos dejó Jesucristo. El bautismo de Juan manifestaba un acto de conversión, un reinicio de la vida ahora enfocada en un fin superior. Jesucristo quiso ser bautizado para dar el ejemplo de lo que es necesario hacer para seguirle, para entrar en su Reino: hacer un acto de humildad y comprometerse con una vida unida a Dios[12].

Petición: Santa María, ruega por nosotros para que nunca nos apartemos de Dios, para que le seamos fieles día a día y así dar fruto y fruto en abundancia a través de nuestra familia.

Segundo misterio: nuestro Señor Jesucristo en las bodas de Caná

Este misterio es la ocasión que llega cada jueves para pedir con fervor por nuestro matrimonio. Rogar a Nuestra Santísima Madre que, así como intercedió en Caná por aquellos recién casados, lo haga para que nosotros como esposos alcancemos siempre la misericordia de Jesucristo en nuestras vidas, la alegría de la ayuda de nuestro Señor, el gozo de su presencia en nuestra vida y en nuestro hogar.

---

12   Cfr. Benedicto XVI, **Jesús de Nazareth: del Bautismo a la Transfiguración**, cap. 1

Además, este misterio ha de servirnos para pedirle ayuda a Nuestra Señora cuando entran nubarrones en nuestra relación matrimonial. Es posible que lleguen momentos difíciles pero, acudiendo a Nuestra Madre con mucha fe a través de este misterio, veremos cómo las dificultades se disipan y se las llevan los vientos de la paciencia y de la humildad.

Sin duda es un misterio al cual los padres debemos acudir con intensa devoción. Y si todo marcha bien en el matrimonio, será el momento semanal para pedirle a la Santísima Virgen que nos ayude a cuidar los pequeños detalles de la vida conyugal. También, al meditar este misterio es oportuno volver el pensamiento a San José, modelo de esposo y de padre, para que nos ayude a pedirle a la Virgen todo ello. San José, hombre prudente y fuerte, fiel esposo y padre, sabrá explicarle nuestras necesidades y Ella responderá con más amor a nuestra insistencia.

Petición: Santa María, intercede por nuestro matrimonio ante nuestro Señor Jesucristo, así como lo hiciste por aquellos esposos de Caná, para que nos amemos cada día más y mejor.

Tercer misterio: el anuncio del reino invitando a la conversión

El reino (o el reinado) de Dios es Jesús mismo que habita en nuestros corazones si lo dejamos entrar, según nos ha explicado Benedicto XVI.[13] Y para estar cerca de Jesucristo hace falta una continua conversión que nos devuelva la mirada hacia Él: "En la vida nuestra, en la vida de los cristianos, la conversión primera —ese momento único, que cada uno recuerda, en el que se advierte claramente todo lo que el Señor nos pide— es importante; pero más importantes aún, y más

---

13   Cfr. Benedicto XVI, **Jesús de Nazareth: del Bautismo a la Transfiguración**, cap. 4

difíciles, son las sucesivas conversiones."[14] Pero además, "a Jesús siempre se va y se "vuelve" por María".[15]

Petición: Señora mía, te ruego que me ayudes a tener la docilidad y la humidad necesarias para estas continuas conversiones; no permitas que me aleje de Jesucristo; me pongo en tus manos para estar siempre cerca de Él.

Cuarto misterio: la Transfiguración de nuestro Señor Jesucristo

La Transfiguración es la manifestación de la Humanidad de Jesucristo, glorificada ante los ojos humanos, una manifestación momentánea del gozo que nos espera en el cielo[16]. Pero si es verdad que ver estos prodigios está reservado para algunos pocos que Dios nuestro Señor ha escogido para fines particulares, también lo es que Él se nos manifiesta con "pequeños" milagros al común de sus hijos. Si reparamos en ello, si lo contemplamos, nos daremos cuenta de que los padres de familia también somos privilegiados: somos testigos de transfiguraciones, de manifestaciones del poder infinito de Dios. Pero es nuestro deber aclararnos la vista, sensibilizar el alma para ver lo que tenemos enfrente. Dios nos hace partícipes de su poder creador. Así, la concepción misma conlleva el milagro portentoso de la creación directa por Dios de un alma espiritual, principio vital de un nuevo ser humano. En realidad somos indignos de ello. Pero son consoladoras las palabras de San Josemaría: "Dios suele buscar

---

14   San Josemaría Escrivá, **Es Cristo que pasa"**, número 57.

15   San Josemaría Escrivá, **Camino**, No. 495.

16   Cfr. **CIC**, 444 y 445.

instrumentos flacos, para que parezca con clara evidencia que la obra es suya"[17].

Petición: Santa María, te ruego que me ayudes a no acostumbrarme a los milagros que me rodean sino a tener siempre un alma dispuesta a adorar a Dios en lo cotidiano, a darle gracias constantemente y a servirle en cada pequeño detalle de la vida.

Quinto misterio: la institución de la Eucaristía

Este misterio puede servir a un padre de familia para dar gracias a Dios, por intercesión de su Madre, por el hecho de haberse quedado entre nosotros en el Santísimo Sacramento del Altar. Ella, la más cercana al profundo misterio de la redención, se regocijaría por todos nosotros en la última cena porque a lo largo de los siglos habríamos de alimentarnos con el Cuerpo y la Sangre de nuestro Señor Jesucristo.

Petición: Señora nuestra, te ruego que yo tenga cada vez más un alma eucarística, que de Él viva y que siempre saboree su dulzura.

Las letanías

A cada "piropo" que le damos a la Virgen le sigue la piadosa frase "ruega por nosotros". Sin embargo, no creo que a nuestra Señora le moleste si eventualmente sustituimos esa frase por los nombres de nuestra esposa y de nuestros hijos. Esto hace del Rosario un diálogo más cercano con Ella e intensifica nuestra intercesión por ellos.

---

17   San Josemaría Escrivá, **Es Cristo que pasa**, número 3.

5. Meditar el Padrenuestro como esposo y como padre

Padre nuestro

Señor, qué fácil es comprender cómo eres si vemos a los hombres que son buenos padres. Tú has querido que la paternidad humana, vivida en tu presencia, sea una vía para comprender cómo nos amas y cuánto nos amas. "¿Quién de vosotros, si un hijo le pide un pan, le da una piedra? ¿O si le pide un pez le da una serpiente? Pues si vosotros, siendo malos, sabéis dar a vuestros hijos cosas buenas, ¿cuánto más vuestro Padre que está en los cielos dará cosas buenas a los que se lo pidan?" (Mt. 7, 9-11).

Que estás en el cielo

Estás en el cielo y en la Eucaristía, en la segunda persona de la Santísima Trinidad. Qué alegría y qué paz saber que estás allí, más cerca de lo que jamás pudo imaginar el hombre. Señor, no permitas que yo me aleje de Ti.

Santificado sea tu nombre

Señor, que nuestro hogar sea un lugar para bendecir tu nombre, no solo con palabras sino con nuestra vida cotidiana. Que allí lo santifiquemos por medio de la fidelidad, de la entrega absoluta e incondicional, de la alegría, de la Fe, de la Esperanza y de la Caridad.

Venga a nosotros tu Reino

Vendrá porque tú lo quieres, pero sabemos que no vendrá sin nuestra participación, sin nuestro querer unido al tuyo. "Dios que te creó sin ti no te salvará sin ti". Señor, que yo quiera con el querer de los santos. Creo firmemente que estás aquí, que me ves y que me oyes; de eso estoy seguro y me consuela. Pero lo que te pido es que yo te vea y que yo te escuche, para que con tu guía yo pueda ponerte a ti en la cumbre de todas mis actividades.

Señor, ayúdame a hacer de nuestro hogar uno como aquel de Betania en el que te sentías tan a gusto. Quiero que nuestro hogar sea tu Reino.

Jesús, José y María, que yo no pierda nunca el camino y así pueda hacer que mi familia sea agradable a Dios y digna de estar en su presencia.

Hágase, Señor, tu voluntad en la tierra como en el cielo

Tu voluntad es que nos santifiquemos. Señor, que te busque, que te encuentre, que te ame. Lo que quieres es que me santifique en el matrimonio y siendo padre. Ayúdame, Señor, a ser cada día mejor esposo y mejor papá, para que así se cumpla tu voluntad.

Dadnos hoy nuestro pan de cada día

Alma de oración y alma de Eucaristía; pan vivo que da la vida al hombre. Te lo pedimos y nos lo has dado: te has quedado con nosotros en cada hostia santa. Solo puedo decir, junto con Santo Tomás: "Te adoro con devoción, Dios escondido; oculto verdaderamente bajo estas apariencias".

Señor, Tú, en la Eucaristía, eres la verdadera fuente de energía, de calor, de luz, de sentido. Que cada vez que acuda a la Sagrada Comunión me nutra, me llene, me deje transformar, me configure y me moldee más a Ti.

Sé que soy como piedra de río: tantas veces pasas por mi alma y si me rompes, es posible que esté seco por dentro. Pero también sé que tu gracia, que es como gota constante, rompe las rocas más duras poco a poco. Señor, si así lo quieres, que yo deje de ser piedra y sea cada vez más esponja.

Perdona nuestras ofensas

Tanta gracia recibida con el Sacramento del Matrimonio y en cada Sagrada Comunión y aquí me tienes, de nuevo ofendiéndote. Cada vez que lo pienso, te doy gracias por la infinita misericordia de habernos dejado el Sacramento de la Confesión. Si no fuera por ese Sacramento, creo que estallaríamos de desesperación y de angustia. Pero no es así. Lejos de eso, nos llenas de alegría y esperanza en cada absolución. Gracias, Señor Jesús.

Como también nosotros perdonamos a quienes nos ofenden

El cristiano va por la vida sin lastre, sin ataduras, liviano, libre de rencores; no tiene enemigos. Nuestro único frente de batalla está en nuestro interior y nuestro único enemigo es el pecado y no quien lo comete.

El perdón debe ser una actitud de fondo y estable, incluso anticipada a los hechos. Perdonar a alguien en concreto puede ser incluso una manifestación de soberbia: yo que soy superior te comprendo y por eso te perdono. No, eso no es el perdón cristiano. El perdón cristiano es la aceptación interior de que habrá dificultades provocadas por los errores de otros, incomprensiones, y quizás algún acto directamente en contra nuestra; pero todo ello ha de ser asumido con sentido penitencial. Después, con audacia humana y sentido sobrenatural, buscar la alternativa para salir adelante: superar por elevación, nunca por confrontación. Hay poco tiempo en la vida y no hay que perderlo en "contraataques" ni en "defensas". La actitud de fondo está en la misma frase de la absolución: "El bien que hagas y el mal que puedas sufrir te sirvan como remedio de tus pecados, aumento de gracia y premio de vida eterna". Y ya está, venga lo que venga, a aprovecharlo espiritualmente y a seguir adelante.

No nos dejes caer en la tentación

Señor, ayúdame a mantener la lucha lejos de los muros capitales. Te pido lo que nos enseñó a pedir el Papa Clemente XI, que me ayudes: "a superar con austeridad el placer, con generosidad la avaricia, con amabilidad la ira, con fervor la tibieza". Y ayúdame a educar a mis hijos de esta manera.

Y líbranos del mal.

El único mal, el mal radical, es el pecado. Por eso te pido, Señor, de nuevo con el Papa Clemente XI, que me hagas "llorar mis pecados, rechazar las tentaciones, vencer mis inclinaciones al mal y cultivar las virtudes […] Ayúdame a conservar la pureza de alma, a ser modesto en mis actitudes, ejemplar en mi trato con el prójimo y verdaderamente cristiano en mi conducta".

Amén.

6. Orar por la vocación de los hijos

(Hago cola en una farmacia. Debo aprovechar el tiempo en algo productivo, aprovecharlo para hablarle a Dios sobre mis hijos.)

Señor Jesús, te pido lo más importante para mis pequeños: que te busquen, que te encuentren, que te traten, que te amen. Te ruego que les des una vocación espiritual, la que tú quieras. No importa dónde o de qué manera, lo que importa es que te sirvan a ti Señor y solo a ti; y a los demás por ti y para ti.

Pero tengo que pedirte algo a la vez: que yo no vaya a ser obstáculo, nunca, para esa vocación. Ayúdame, Señor. Que si no voy a ayudar a hacer lo que tú quieres de ellos, al menos que no estorbe tu labor en su alma.

No permitas, Señor, que me aleje de ti; porque si me alejo, quizás ellos podrían alejarse también. No te pido que me ayudes a darles un buen ejemplo, porque eso es lo de menos: tú sacas agua de la roca más estéril y tu gracia superará todos mis defectos. Pero te pido, al menos, que yo no estorbe tu labor.

(¿Mi turno? Ah sí, gracias. Buenas tardes. Por favor, deme lo que dice la receta. Sí, todos los medicamentos, por favor. Gracias.)

Amén.

7. Vida de piedad: orar para sostener

Los católicos distinguimos entre el sacerdocio ministerial y el sacerdocio común de los fieles. Son distintos, pero ambos absolutamente necesarios en la vida de la Iglesia[18]. La verdad es que estamos más acostumbrados a proteger y cultivar el sacerdocio ministerial que el sacerdocio común de los fieles. Esto es una consecuencia negativa más de cierto clericalismo que impregna algunos modos de concebir la vida espiritual.

Así que es importante comenzar a valorar y subrayar ese sacerdocio común que, precisamente, es al que estamos llamados con urgencia la inmensa mayoría de los católicos puesto que, por voluntad divina tenemos una vocación a la santidad en la vida ordinaria, en medio de la calle.

Y un padre de familia puede y debe vivir intensamente ese sacerdocio común. Para ello precisa asumir con responsabilidad y con alegría el encargo divino. Dios nos ha encomendado una misión, que es justamente santificarnos siendo esposos y padres. Pero la santidad no se alcanza al margen de Dios. Se consigue en comunión y en diálogo con Él, por la gracia que nos envía durante esa comunión y ese diálogo.

CIC, 1546 y 1547.

Para un padre de familia, la manera práctica de vivir el sacerdocio común de los fieles es prolongar la Santa Misa el resto de la semana o de la jornada. Si sus fines y efectos son adorar, dar gracias, pedir perdón y pedir ayuda a Dios, por eso un hombre debe convertir cada momento y circunstancia de su vida como esposo y como padre en ocasión para hacerlos realidad.

Adorar a Dios como esposos y como padres

"Adorar a Dios es reconocerle como Dios, como Creador y Salvador, como Señor y Dueño de todo lo que existe, como Amor infinito y misericordioso. Aprender a adorar requiere aprender a contemplar, aprender a quedarse pasmado por la infinita misericordia de Dios"[19].

Los padres de familia tenemos en cada hijo un motivo para contemplar a Dios. La ciencia y la tecnología nos han ayudado a visualizar cómo es el momento de la concepción y cómo se desarrolla esa nueva persona desde su fase embrionaria, pasando por la fetal, hasta llegar a su viabilidad para nacer. Pues simplemente eso que la ciencia describe y que la tecnología hace ver, puede ser motivo suficiente para dedicar minutos y minutos ante Jesús Sacramentado, diciendo sin parar con el Salmo 8:

> [...] *Cuando veo los cielos, obra de tus dedos,*
>
> *la luna y las estrellas,*
>
> *que Tú pusiste,*
>
> *¿qué es el hombre para que de él te acuerdes,*
>
> *y el hijo de Adán, para que cuides de él?*

---

19   **CIC**, 2096.

Lo has hecho poco menor que los ángeles,

le has coronado de gloria y honor,

le das el mando sobre las obra de tus manos [...]

O con el Eclesiastés (42, 23-26): "¡Qué admirables son todas sus obras! Y eso que apenas un destello se puede contemplar".

Por otra parte, un padre de familia puede adorar a Dios con motivo del desarrollo de sus hijos. No hay que perder la capacidad de asombro. Es más, esa capacidad de asombro es lo que nos permite adorar el misterio de la acción de Dios sobre sus almas. Puede haber mil descripciones precisas sobre la manera como ocurre el enlace neuronal durante el aprendizaje. Bien, pero esas explicaciones –que no son más que eso– dejan todo el campo abierto para la adoración de Aquel que hace posible que esas conexiones hayan ocurrido y sigan ocurriendo siempre en cada uno de los cerebros humanos. Siguiendo el camino tomista, es necesario adorar a la Causa primera de las causas, quien en su infinita misericordia ha querido dar vida a una nueva persona y nos la ha encomendado a nosotros, padre y madre.

Si seguimos esta lógica, adoraremos a Dios cuando veamos que alguno de nuestros hijos logró pronunciar sus primeras palabras, cuando logró formar su primera oración coherente y completa, cuando comprendió por primera vez la lógica de la suma de uno más uno o de uno más dos, cuando logró resolver su primer rompecabezas sin ayuda, cuando logró beber en vaso con sus manos, cuando tomó la cuchara correctamente por primera vez. Es el Espíritu Santo que está preparando esa inteligencia para algo más sublime: para que llegue a entender y proclamar que Dios existe y que es su Padre.

Dar gracias a Dios como esposos y como padres

De la adoración pasamos inmediatamente a la acción de gracias. Y los motivos son innumerables: haber conocido a la mujer que aceptó ser nuestra esposa, por su manera de ver la vida, por su entrega, por su energía, por su salud. Dar gracias por haber encontrado a una mujer que quisiese también vivir el matrimonio a la luz de Dios y en el seno de la Iglesia.

Dar gracias porque Dios ha querido confiar en nosotros, pobres siervos suyos, para dar la vida y formar a sus hijos; por el trabajo y los medios materiales, pocos o muchos, que nos entrega; por la salud.

Pedir perdón a Dios como esposos y como padres

Dios conoce nuestros defectos y nuestros pecados. No los ama, pero los perdona si pedimos su misericordia. Y de hecho cuenta con esas faltas para que voluntariamente volvamos a Él como hijos pródigos, cada vez que sea necesario.

La confesión sacramental es la pieza clave. La confesión sacramental es como el mecanismo de doble tracción de los vehículos todo-terreno. Es el que hay que activar para salir del fango. Si no se hace, patinaremos en el lodo indefinidamente. Y quien ha visto patinar un carro en el lodo sabe que la tendencia es cavar un surco en el que las llantas se hunden cada vez más, hasta que es inviable salir sin remolque. La confesión sacramental desatasca, reimpulsa, hace viable seguir en el camino.

Y además de la confesión sacramental, es indispensable una actitud constante de expiación y penitencia, que es como tener mano de rey Midas, pues con ella convertiremos cada dificultad, cada cosa pesada y molesta, en ocasión de purificar nuestra alma.

Pedir perdón como padres significa no solo hacer oraciones vocales relacionadas con el perdón, sino ofrecer cada pequeña dificultad con la convicción de que Dios recibe ese ofrecimiento con amor y lo transforma en gracia para nuestra alma.

Un padre de familia no debe soñar con ir de rodillas durante muchos kilómetros a un cerro para hacer penitencia. Esto podría incluso llenar de vanagloria oculta a quien la cumpla. Mucho mejor y más real es ofrecer pequeñas incomodidades de la vida cotidiana que, como todos sabemos, nunca faltan en casa.

Pedir ayuda a Dios como esposos y como padres

Pedir ayuda a Dios es, de hecho, lo más común en nuestra oración. Tanto así, que se debe hacer un esfuerzo particular por cultivar las otras formas: adorar, agradecer y pedir perdón.

Pero que los hijos pidamos cosas al Padre es algo previsto desde la eternidad por la infinita misericordia de Dios. Y para motivarnos y darnos serenidad en ese sentido, Jesucristo mismo quiso dejar esas palabras consoladoras: "pedid y se os dará, buscad y hallaréis, tocad y se os abrirá".

Y siendo padres de familia, literalmente abundan los temas por los cuales pedir ayuda. Pero lo conveniente es tener presencia cotidiana de Dios y cultivar esa actitud de diálogo constante con Él, de modo que cada suceso difícil en casa sirva para elevar la mente a nuestro Padre.

Un berrinche de los hijos: pedirle a Dios que sea pasajero, que no vaya a degenerar en un mal hábito.

Mal humor propio o de la esposa: inmediatamente y en silencio, pedir a Dios que las aguas se calmen, que recuperemos pronto la sonrisa y la fiesta cotidiana.

Cansancio de la jornada: mentalmente pedir energía adicional, serenidad en esas últimas horas, y ofrecer la fatiga.

Agotamiento de la esposa por la dureza del día: pedirle a la Virgen que interceda por ella, para que Dios en su infinita misericordia la llene de visión sobrenatural y le conceda fortaleza.

Enfermedad de los hijos: pedir por su pronta recuperación, que el médico acierte con el diagnóstico y con la medicina.

La vida familiar está llena de pequeños detalles, satisfactorios o incómodos, fáciles o difíciles, complejos y sencillos. La meta es convertir cada uno de esos momentos y circunstancias en ocasión de unirnos más a Jesucristo.

8. El anillo de boda

El anillo que llevamos desde el día de nuestra boda también se presta para tener presencia de Dios en la vida cotidiana y para meditar.

Sirve para tener presencia de Dios porque es el símbolo -nada más y nada menos- que de un Sacramento. Y también porque es la síntesis de toda una historia que Dios ha permitido y sellado: la historia de cómo nos ha creado como almas complementarias y nos ha querido juntos para siempre, para servirle en el matrimonio.

La circunferencia del anillo sirve para recordar que nuestro amor no tiene principio ni fin. No tiene principio porque Dios nos eligió desde la eternidad para ejercer esta vocación al matrimonio, y desde entonces pensó en el alma que pondría a nuestro lado. No tiene fin, en esencia, porque es total y por tanto abarca todo nuestro ser. En el matrimonio uno se entrega de modo completo e incondicional o no ha entregado nada en absoluto[20]. El amor matrimonial no tiene gavetas secretas ni recovecos. Es continuo y fluye sin artificios. Es como la circunferencia del anillo de bodas.

20 Cfr. Santamaría, M. G., **Saber amar con el cuerpo.**

Al llevar puesto el anillo de modo permanente estamos enviando un mensaje de exclusividad, realización, plenitud y felicidad. El amor, cuando es verdadero, es tan intenso como un haz de luz que naturalmente ilumina todo lo que está alrededor, pero va dirigido en un sentido único: en este caso el cónyuge. Por eso es exclusivo. El matrimonio es el principio de muchas cosas buenas, pero en sí mismo es un estado de realización y plenitud, de perfección, porque en él se concreta la vocación específica que Dios quería para nosotros. Y es símbolo de felicidad porque la felicidad es estar inmersos, libre y voluntariamente, en un proyecto que tiene sentido trascendente.

Yo he recibido el anillo de mi esposa y ella de mí, lo cual es un símbolo tanto de nuestra mutua entrega incondicional y permanente, como de la responsabilidad que tenemos de cuidar nuestros corazones y nuestras almas. Tú eres mía y yo soy tuyo; cuídame, yo te cuidaré: aquí tienes una prenda de mi promesa. El anillo nos recuerda que Dios espera que cumplamos ese compromiso día a día.

Parte II: Con Dios y con la familia

9. En Misa con los peques

Asistir a la Santa Misa con un bebé recién nacido no presenta mayores dificultades. Y en esto está de acuerdo mi esposa, aun tomando en cuenta que ella debe pasar por complicaciones como la de dar pecho durante la celebración. Hacerlo con una hija que gatea o que comienza a caminar conlleva un poco de ajetreo; y con una que camina y corre más una segunda que gatea... ya va siendo más complicado. Asistir a Misa con dos hijas que caminan, corren y gritan, más un tercer bebé en el carruaje... bueno, eso ya es una operación de logística considerable. Y así, sucevivamente.

Una alternativa que se nos cruzó por la cabeza a mi esposa y a mí –hemos barajado muchas– fue la de ir cada uno a diferente hora; así los peques estarían siempre en casa a cargo de alguno de nosotros. Creo que no tardamos ni un minuto en desecharla, porque la Santa Misa es un tiempo valioso para estar en pareja: nos permite ir juntos a dar gracias a Dios por los inmensos dones recibidos. Además, pensamos que es importante que nuestros hijos crezcan con hábitos de familia cristiana: desde ahora ellos deben saber que el domingo es un día especial en el que asistimos en familia a una celebración trascendente. Y así se lo hemos dicho; así se lo explicamos unas horas antes, cuando corremos para desayunar, bañarlos y vestirlos. Los animamos a poner de su parte porque lo que viene, la Santa

Misa, es la oportunidad de dar gracias a Dios "por la familia, por los juguetes, por la salud, por el amor de papi y mami, por las flores, por las mariposas, por el sol y por todo lo que tenemos".

Y los peques comprenden. Comprenden porque su mente y su corazón están abiertos para percibir lo importante de la vida. Los bebés son personas con escasa formación específica y con habilidades motrices aún en desarrollo, pero su alma y su mente están ya dispuestas para captar lo que es bueno y lo que es malo, lo que es triste y lo que es alegre, lo que es peligroso y lo que es seguro. Todo su ser está atento y es moldeable, y se moldeará según lo que nosotros, sus padres, les mostremos. Unos cuantos domingos de asistencia continua a la Santa Misa son suficientes para que un bebé de dos años tome la iniciativa de arrodillarse y hacer la señal de la Cruz al entrar en una Iglesia. Lo he comprobado con mis cuatro hijos. ¿Comprenden todo el contenido de la Fe? Claro que no, de la misma forma que no comprenden que la suma de los ángulos de un triángulo es 180 grados. Pero sí que saben reconocer un triángulo y diferenciarlo de un círculo, y comprenden que entrar en un templo es un momento especial, que papá y mamá deben hacer oración, que hay algo diferente y sagrado en ese momento particular. A esa edad, me basta y sobra con que perciban la diferencia entre un parque y un lugar sagrado, de la misma forma que es suficiente que sepan diferenciar entre el círculo y el triángulo. Ya vendrá después la trigonometría; ya vendrá después la reciedumbre de la Fe. Pero si desde ahora no les ayudamos a distinguir una cosa de otra, si desde ahora no les abrimos su mente y su corazón a lo sagrado, correrán el peligro de crecer sin ese importante componente de su vida.

Sin embargo, no todo es color de rosa. Los nenes se impacientan, no soportan estar todo el rato en el mismo lugar, así que comienzan sus expediciones por el templo. Hemos escogido iglesias con atrio para que puedan salir a caminar y distraerse y, a la vez, nosotros poder seguir el hilo de la Santa Misa con el oído. Aun así es complicado porque surgen los imprevistos: que se alejen más de lo esperado; que se tropiecen y caigan; que vean los juguetes de otro niño y quieran ir por ellos; que necesiten cambio de pañal (por caridad con el prójimo es necesario cambiar el pañal urgentemente) y entonces es necesario ir al vehículo o buscar un sanitario (no todas las iglesias cuentan con sanitarios para los fieles). También que tengan sueño y por eso se pongan irritables; que no les baste jugar solos por allí sino que pidan que nosotros juguemos con ellos; que desesperen cuando son celebraciones multitudinarias; que dos lloren a la vez y entonces quién cuida de los otros dos. En fin, todas las complicaciones inesperadas y difícilmente manejables que puedan ocurrir.

Lo he consultado con varias personas y lo he meditado en la presencia de Dios. ¿Vale la pena una Misa así? El esfuerzo enorme vale la pena si va acompañado de dos objetivos: minimizar cuanto sea posible la distracción para los demás fieles y hacer un esfuerzo redoblado por vivir con intensidad la Santa Misa. Parecen objetivos irreconciliables pero, con espíritu deportivo, buen humor, paciencia, naturalidad, creatividad y visión sobrenatural, es posible lograrlo (subrayaría lo del buen humor porque es lo más difícil de lograr).

Para minimizar el ajetreo durante la Santa Misa se pueden utilizar varias tácticas. Lo primero es elegir el templo: preferiblemente con atrio, espacioso, de fácil acceso con carruajes, con sanitarios a la mano. Lo segundo es elegir el horario. Los bebés tienen horas críticas, como cuando ya tienen mucha hambre o sueño. En nuestro caso, el momento óptimo es a primera hora de la mañana: no pueden tener sueño porque acaban de despertar y no tienen hambre porque acaban de desayunar. Siempre que rompemos esta regla por alguna razón resulta que los ánimos se caldean y la situación se pone conflictiva. Lo tercero es predeterminar las distracciones: llevar cuadernos para colorear y crayones, legos, muñecas o cualquier juguete que les entretenga sin hacer mayor ruido.

Pero como dije, aun así surgen imprevistos: las nenas se ponen más inquietas o creativas de lo esperado y vuelve la historia de andar para arriba y para abajo en el atrio, detrás de ellas. Aquí entra en escena el otro esfuerzo: intentar mantener el silencio interior, la presencia de Dios y la concentración en la liturgia. Encomendándose a la Virgen y a San José, las cosas salen bien, por supuesto no sin un pequeño dolor de cabeza por el esfuerzo.

Y viviéndolo así, bien encomendados a la Sagrada Familia, resulta que esos peculiares momentos de ajetreo en el atrio son momentos para meterse mucho en Dios. Por ejemplo, en una de esas ocasiones pensaba que estar cuidando a los hijos en el contexto de la Eucaristía, no deja de ser una metáfora de lo que ha de ser toda nuestra vida como padres. En el fondo, eso es lo que debemos hacer todo el día en todo lugar: vivir centrados en el Sagrario, ocupándonos de la mejor forma de cuidar y formar a nuestros hijos.

En otras ocasiones, al escuchar las Sagradas Escrituras y la homilía, he procurado hacer examen para ver si mi dedicación a la familia está siendo coherente con las exigencias del Evangelio. También he dado gracias junto con los Salmos por los dones recibidos, viendo a mis hijos como la mejor manifestación de todos ellos. Y en el momento sublime de la Consagración, de rodillas para dar ejemplo a mis hijos –a veces ellos se arrodillan también–, he intensificado mi oración de ofrecimiento de esos mismos dones; para pedir perdón por las veces en que pierdo la paciencia con ellos, para que el Señor siga bendiciendo nuestro matrimonio, para pedir más gracia y luces para ser cada día mejor esposo, encomendar el trabajo con el cual obtengo el sustento para mi familia y mil cosas más que pasan por mi corazón en ese momento.

A veces los nenes corren un poco lejos, pero los altoparlantes me permiten atender a las palabras del sacerdote. Y sigo percibiendo esa estupenda compenetración entre el Santo Sacrificio del Altar, memorial de la entrega de Jesucristo por nosotros, y mi propia entrega a mi esposa y a mis hijos, a la cual estoy gozosamente obligado. Todo tiene sentido: la acción redentora de Jesucristo y mi deber de corredimir; la acción del Sumo Sacerdote presente en la Santa Misa y mi sacerdocio común como fiel, ejercido diariamente como esposo y como padre; mi lucha y mi esfuerzo que tienen sentido pleno porque Cristo espera y desea que me santifique. No siempre acabo la Consagración de rodillas, porque es posible que la "creatividad" de mis hijos ponga en peligro la paz del templo. Pero me levanto y corro a ellos, ofrezco a Dios la incomodidad y los encomiendo con más intensidad aún. Mientras tanto, normalmente, mi esposa hace lo suyo con quien corresponda, pues la verdad es que no se sabe quién dará más la batalla. Entre los dos calmamos las aguas como podemos, haciendo malabares con la mayor discreción posible.

Acabamos agotados; de eso no hay duda. Cada Misa es un logro. Todos los domingos así, y pienso en mi interior que vale la pena por el testimonio que damos; porque se afianza en mis hijos el hábito bueno de dedicar tiempo para el culto divino; porque hemos adorado a Dios, hemos dado gracias, hemos pedido perdón, hemos encomendado toda nuestra vida y hemos pedido ayuda para los proyectos que tenemos en mente.

10. La fiesta permanente

En la familia, cuando se vive a la luz de Dios, cada día tiene un motivo para celebrar. Son tantos que cabe incluso hacer una clasificación de "fiestas mayores y menores". Fiestas mayores son las de la Iglesia, por supuesto, como el Domingo de Resurrección, la Navidad, la Sagrada Familia o las de la Virgen. Fiestas mayores son también los hitos de la familia, como el aniversario de boda, la noticia de un nuevo embarazo y los cumpleaños. Son momentos extraordinarios, alegres, de invitar amigos, de reunirse con los parientes cercanos, de comer tan espléndido como sea posible porque todas esas cosas son manifestaciones externas del agradecimiento que guardamos a Dios por los bienes recibidos. Hay que celebrar y celebrar a lo grande.

Pero hay también fiestas cotidianas que –al menos para mi esposa y para mí– tienen una importancia capital, porque son maneras de saborear día a día la alegría de ser hijos de Dios. Haré una lista de pequeños ejemplos: comer todos juntos (tan sencillo como eso); la carita feliz en el cuaderno de nuestra hija; la primera vez que nuestra hija o nuestro hijo armó un rompecabezas; que es domingo y estaremos todo el día juntos; que tendremos la visita de los abuelos; que estamos con los abuelos; que estamos planeando entre todos la próxima piñata; que comeremos algo delicioso que nos gusta; que papá ama a mamá; que mamá ama a papá; que fuimos al médico y el embarazo marcha de maravilla; que ya estamos recuperados de la gripe que tuvimos; que hay buen clima para salir a caminar; que la pequeña ya aprendió a ir al baño; que la mayor irá por primera vez al colegio; que la segunda irá por primera vez al colegio; que terminó bien el año escolar; que empiezan las vacaciones. Y ya está… detengo la lista porque es realmente infinita.

Cada familia tiene sus hitos y sus fiestas cotidianas. Es un hecho: cuando se vive en Dios y para Dios, los motivos para dar gracias y para celebrar nunca faltan. En realidad, vivir en familia es vivir una fiesta permanente.

De hecho, me parece que esos momentos son los más adecuados para enseñar a nuestros hijos el hábito de levantar el corazón hacia Dios con una sencilla oración. Bendecir los alimentos, dar gracias por ese día y por ese pequeño detalle, son pequeñas prácticas de piedad importantes para que nuestros hijos, desde pequeños, asocien los momentos felices con la presencia de Dios en el hogar, como debe ser.

11. Rezar antes de comer y antes de dormir

Rezar antes de comer y antes de dormir son costumbres ampliamente extendidas. Tanto así que Hollywood y la televisión para niños han encontrado en ello el ícono para transmitir la idea de una familia integrada y feliz.

Pero más allá de que sea una buena y popular costumbre, con mis hijos he comprobado que es una excelente manera para introducirles algunas nociones esenciales para su vida. Por ejemplo, la de la causa primera de lo que disfrutamos: lo que tenemos se lo debemos a Alguien, y la de que es bueno interrumpir la rutina para recordar que estamos en presencia de Dios.

Parecen cosas sin gran importancia, pero no es así. Podríamos llegar a pensar que son estereotipos de cultura de masas que no tienen fundamento, pero no es así. De hecho, me parece que ambas nociones hacen la diferencia entre una persona soberbia y autosuficiente y una persona humilde, que sabe que todo lo que tiene lo ha recibido como don y que por ello debe ser agradecido.

Me apasiona la idea de que las virtudes sobrenaturales se asientan sobre las virtudes humanas, una idea sobre la cual San Josemaría

Escrivá basó mucha de su predicación[21]. En el caso de rezar con los hijos antes de comer y antes de dormir, vemos cómo lo humano y lo divino en lo humano crecen con armonía. Los niños gustan de las rutinas, y más aún si son en familia, eso les da la idea humana de orden y unidad. Pero como en esos momentos nos abrimos a la trascendencia, extendemos sus mentes a una dimensión que su corazón puro acepta y comprende con una facilidad que sólo se explica por la presencia del Espíritu Santo en ellos.

Eso que filósofos y teólogos enredan al querer explicarlo, eso que ha merecido ríos de tinta y montañas de papel: la existencia de Dios y su bondad hacia nosotros, a un niño le queda clarísimo a base de repetir una sencilla oración con frecuencia. El orden mismo del universo, en el cual existen un Dios bondadoso y unos seres creados por Él y para Él, queda así asentado en la mente y en el corazón de los hijos.

No es nada despreciable el resultado en ellos. Por tanto, bien vale la pena que los padres les dediquemos ese tiempo. Es más, ni siquiera tenemos que pensarlo mucho. Llega un punto en que ellos mismos lo piden e interrumpen cualquier conversación para señalar que "aún no hemos rezado".

Y los padres debemos aprovechar para elevar a Dios una oración más profunda. En mi caso, dar gracias por nuestro matrimonio, por la bendición del trabajo, por la salud física. En general, doy gracias porque se cumple a rajatabla que Dios no se deja ganar en generosidad… y yo sin merecerlo.

---

21   Cfr. San Josemaría Escrivá, "Virtudes humanas" en **Amigos de Dios**, cap. 5.

Como crecí en una ciudad pequeña, rodeada de aldeas y vida rural, me llamaba mucho la atención ver a los señores que llegaban montados sobre sus caballos. Pero en especial me llamaba la atención un artefacto que se ataban a las botas y que mi papá me explicó que se llama espuela. Veía como al meter la espuela, efectivamente, la bestia avanzaba más rápido.

Ver cómo mis hijos oran antes de comer y antes de dormir es mi espuela. Me digo: quizás no deje de ser tan bestia pero por lo menos quiero prestarle mejor servicio a mi Señor.

12. Desvelos y jaculatorias

De lo que se trata es de encontrar a Dios en todas las circunstancias; de aprovechar cada una de ellas para crecer en vida interior. Si pasa algo bueno, agradecer; si hay dificultades, rogar con humildad, y si ocurre algo malo, ofrecerlo a Dios con sentido penitencial y luego pedir que –si conviene a nuestras almas– aquello cese o mejore.

En general, la vida está llena de esas ocasiones buenas y malas. Y la vida de los padres, ¡ni se diga! Hoy una enfermedad, mañana un éxito escolar, luego una fiesta familiar y después quizás alguna cosa difícil de resolver.

Pero en particular, el cuidado de nuestros hijos en los primeros años está lleno de desvelos; y queda claro que por mucho que se repitan, uno nunca llega a acostumbrarse ni llegan a ser agradables en sí mismos. El hecho es que nuestros hijos se despiertan por una de mil razones posibles: fiebre, tos, nariz tapada, calor, frío, un ruido inusual que los asusta, un pesadilla, hambre, enredo con las sábanas, necesidad de cambio de pañal o de ir al baño, un mosquito que ronda y pica, etc. Hasta cierta edad, como todo padre y madre sabe muy bien, esto de tener que acudir a la habitación de los hijos para ver qué pasa y ayudarles es el pan de cada noche.

Pero el ser humano es el ser humano. Como decía antes, no creo que haya quien llegue a saborear esa levantada a media noche o de madrugada. El cansancio de una jornada normal o, peor aún, de una sobrecargada, hace que levantarse a esas horas se sienta como el resumen de todo el agobio del mundo. No creo exagerar. Es más, pienso que es difícil describir el disgusto que puede causar. Y lo interesante es que en algunas épocas los hijos pueden llegar a requerir tres o cuatro por noche, si no es que más.

Desde el punto de vista práctico y humano se pueden hacer mil cosas para prevenir y hacer que esas levantadas sean más cortas o esporádicas. Pero en algunas épocas, como todos saben, no habrá nada que pueda evitarlas.

Nuestra reacción en esos momentos puede ser muy variada. Desde el injusto enojo con nuestros hijos (ocurre y ocurre porque somos humanos), pasando por el también injusto reproche a la esposa (que aunque no lo expresemos puede pasar nuestra mente), hasta llegar a la inacción y al improductivo grito desde la cama: "¿qué te pasa, bebé? ¡Ya déjanos dormir!".

Claro, como queda comprobado –y muchos podrán confirmar lo que digo– en el fondo todas esas reacciones negativas son absolutamente estériles y, peor aún, pueden llegar a agriar la relación conyugal durante y después de la tormentosa noche.

Así que solo queda una opción: salirnos de ese esquema de quejas, reproches, enojos y gritos. Por el contrario, puestos a sacar provecho espiritual hasta de los más pequeños detalles, pienso que los desvelos y las levantadas a media noche para atender a los hijos son una fuente riquísima de vida interior.

Noche 1

11:39 p.m. Primera levantada de la noche. Pero si… acabamos de acostarnos. Bueno, Señor, nadie dijo que iba a ser fácil, así que aquí voy.

12:13 a.m. ¿Quién llora? Es la otra bebé. ¿Qué pasó mi muñeca? ¿Te asustaste? Ya, tranquila, hagamos la oración que te gusta. Ángel de la guarda, dulce compañía… De acuerdo, no quieres, no hagamos oración, solo me quedo aquí contigo, en este rincón, de acuerdo. A dormir. Señor, te ofrezco esta incomodidad.

12:45 a. m. Listo, ya está dormida. Regreso a la cama.

2:38 a. m. ¿Y ahora qué? Respiro profundo. Sí, Señor, ahora entiendo: quieres que te ofrezca esto por el perdón de mis pecados. Está bien, tienes razón, debo hacer penitencia. Nena, ¿qué pasó? Ah, tu leche, sí aquí está. Ah, entiendo, se acabó… está bien, voy a la cocina a prepararte más. Aquí está bebé, llena como a ti te gusta. No; está bien, no me iré, aquí me quedo sentado a la orilla de la cama. Cuando te la termines me voy porque papi debe dormir en su cama con mami. Listo, feliz noche.

3:45 a.m. ¡¿Y ahora qué, nena?! Vaya usted, amor, yo ya me levanté cuatro veces.

3:48 a.m. Perdóname, Señor. Pobre mi esposa: está más cansada que yo, lógicamente. Pero siento que no puedo y dentro de un rato ya debo despertarme.

4:15 a. m. Nena, te dije que te pusieras calcetines para dormir. ¿Ves?, por eso te despiertas, tienes los pies como cubitos de hielo. Señor Jesús, en 45 minutos debo levantarme para arrancar el día. Ha sido una noche difícil, te la ofrezco de todo corazón por el perdón de mis pecados; por ese lío que tengo en el trabajo, para que se resuelva pronto; por mi familia, por la familia de mi esposa. Te lo ofrezco, Señor. Seguro que será agradable a ti. Amén.

5:00 a.m. Buenos días, amor.

Noche 10

Gracias a Dios. Mi esposa me dijo que esta noche se levantará solo ella. Sabe que mañana será un día difícil y muy largo para mí.

Noche 45

1:39 a.m. Muñeca, ¿qué pasa? Duérmete. Ya no llores, mi cielo, aquí está papá.

1:43 a.m. Lo siento, mi cielo, vaya usted a ver porque conmigo no quiere dormirse.

1:45 a.m. Está bien, tiene razón, usted está muy cansada, voy yo de nuevo a intentar.

1:46 a.m. Te canto: Duérmete linda, duérmete ya… O mejor esta otra canción: a dormir, a dormir muñequita, a descansar, dulce bebé.

2:00 a.m. Mi cielo, por favor, cálmate, ¿qué pasa? Está bien, te voy a cargar, probemos caminando. Ángel custodio de mi hija, ayúdame, ruega por ella para que se calme. Virgen María, tú eres madre, ayúdame con ella porque yo no la entiendo. San José, mi padre y señor, enséñame a ser papá.

Señor Jesús, quiero aprovechar este momento, mientras camino, para darte gracias por todo lo que nos das. Lloran y cansan pero son una bendición. Señor Jesús, ayúdame a ser cada día mejor papá y mejor esposo. Me cuesta, ya ves cómo le contesté a mi esposa en la cena; se enojó, está molesta. Tiene razón, soy un pesado. Ayúdame a dominar mi mal carácter, ya no quiero ser así. Quisiera cantarte como aquel coro de la iglesia: "renuévame, Señor Jesús, ya no quiero ser igual… porque todo lo que hay dentro mi corazón necesita ser cambiado, Señor; porque todo lo que hay dentro de mi corazón necesita más de ti".

Señor Jesús, te pido que lleguemos a la meta de asistencia al evento; y que esa empresa nos apruebe el patrocinio. Si fuera así, Señor, tendríamos un evento de maravilla.

Señor, estoy muy preocupado por mis hermanas y por mi papá. Te los encomiendo de todo corazón.

¡Bufffff! Estoy cansado. Te ofrezco mi cansancio.

2:18 a.m. Listo. Esto de caminar, funciona. A dormir. Todavía tengo casi tres horas para descansar. Que tu misericordia, Señor, me consuele y tu poder me defienda.

5:00 a.m. La amo, mi cielo. Buenos días.

Noche 120

1:32 a.m. "Señor, hágase en mí según tu palabra". ¡Ya voy, nena, ahorita voy! (…)

Noche "1735"

5:00 a.m. ¿Usted se levantó anoche, amor? No, verdad; yo tampoco. ¡Guau!… ¡durmieron de corrido por primera vez! Como nos dijo aquella señora en Misa: los hijos crecen.

13. Corregir a los hijos: el trago amargo y la lucha interior

Mi esposa y yo lo hemos comentado con muchos padres y madres, y la respuesta que hemos recibido es unánime: la parte más desagradable de ser padre es tener que corregir a los hijos. Pero a continuación todos agregamos que, a pesar de ello, es una tarea indelegable e indispensable.

Corregir es algo desagradable porque suele ir acompañado de algún enfado por la falta cometida, lo cual –dependiendo del temperamento de cada uno– puede conducir incluso a levantar la voz y, en general, a que el ambiente en el hogar se vuelva tenso. Además, el enfado puede incluir frustración por aquello de "es la enésima vez que te digo que…". Y más aún, después del enfado y la frustración, surge el sentimiento de culpabilidad cuando creemos que quizás nos pasamos de la línea con nuestro enojo y con el castigo.

Y ¿cómo sacar provecho espiritual de esta desagradable tarea? Mientras más lo medito, aunque me cuesta muchísimo, más claro me queda que hay aquí toda una mina de oro para la vida interior. Y creo que hay al menos tres vías por las cuales esos momentos nos pueden acercar a Dios.

Pensar en la infinita misericordia de Dios hacia mí

Cuando me enojo con alguno de mis hijos y le reclamo con dureza por algo, aunque sea con justa razón, casi siempre martillea en mi cabeza y en mi corazón un auto reproche: Hugo, ¿recuerdas cuántas veces te has confesado y Dios te ha abrazado como si nada hubiese pasado? Entonces comparo y veo por qué inmediatamente debo calmarme y tratar a ese hijo o hija con paciencia. Si quiero imitar a Jesucristo en cada detalle, este es un buen momento para hacerlo.

Dios sabe que volveremos a caer. No quiere nuestro relajamiento ni que nos acostumbremos al pecado. Quiere nuestra lucha. Pero está dispuesto a esperar a que libremente demos el paso hacia la definitiva conversión en algún punto en particular, y luego en otro y luego en otro… Así con nuestros hijos: llevarlos con razonamientos, y con sanciones si es necesario, al deseo de mejorar por sí mismos. Mientras tanto, paciencia.

Aplicar el Cuarto Mandamiento

Pensar que hice iguales o peores travesuras; iguales o peores berrinches. También yo fui descuidado y desobediente muchas veces. Y mis padres no tienen corazón de hierro; es decir, padecieron con igual dificultad esta misma tarea desagradable que ahora me toca a mí, pero jamás recibí un reproche de parte de ellos. Nunca me pasaron factura. Lejos de eso, siempre quisieron ser alfombra para que yo pisara suave. Dios Padre, infinitamente Justo y Misericordioso: gracias por darnos el Cuarto Mandamiento.

Luchar contra la pereza, la impaciencia, el egoísmo. Crecer en humildad, servicio, mansedumbre y generosidad

A veces me descubro exigiendo que mis hijos actúen con una madurez que no es propia de su edad. Es la impaciencia. Otras veces pretendo que den el resultado esperado (orden, disciplina) sin haber dedicado el tiempo a formar el hábito. Es la pereza de sentarme a dar un pequeño paso tras otro. Otras veces quiero disfrutar de lo mío y de mi tiempo, y exploto contra alguno de mis hijos si no hacen lo que quiero. En el fondo no busco su bien sino mi comodidad. Es el egoísmo que salta por las rendijas más inesperadas.

Al darme cuenta de esas fallas de mi parte, veo que hay campo para crecer interiormente. Por ejemplo en humildad, si me pongo al lado de mis hijos en lugar de pretender que ellos suban escalones que aún no pueden subir. Si tuviera una mayor actitud de servicio, quizás a veces el desorden de la casa se arreglaría con mi ayuda y mi silencio, más que con mis regaños y castigos. Si en lugar de despotricar aplicase el mismo castigo, pero con serenidad, ganaría en mansedumbre. Si en lugar de pensar en mi tiempo y en mis cosas pensara en ponerme a su lado, ganaría en generosidad. Y todo marcharía mejor.

Pero claro, esas virtudes no surgen de la noche a la mañana ni al primer intento. Mientras lo hacen, tengo que estar como el domador: sujetándome interiormente hasta que la bestia se amanse. Pero no estoy solo. Mejor dicho, debo poner la lucha en presencia de Dios, ofrecerla, encomendarla para que sea eficaz.

14. Las enfermedades de los hijos

Las enfermedades de los hijos son momentos para intensificar nuestra vida contemplativa en medio del mundo.

San Juan (9, 1-3) recoge esta escena en su Evangelio: "Y al pasar vio Jesús a un hombre ciego de nacimiento. Y le preguntaron sus discípulos: Rabbí, ¿quién pecó: este o sus padres, para que naciera ciego? Respondió Jesús: Ni pecó este ni sus padres, sino que eso ha ocurrido para que las obras de Dios se manifiesten en él".

La enfermedad y el dolor son causas de angustia, de penas económicas y muchas veces de desesperación para quienes los padecen o para quienes les rodean. Pero no podemos vivir así. Es importante encontrar un sentido al sufrimiento, que de hecho lo tiene porque es permitido por Dios.

Lo que recoge San Juan es la enseñanza clara de Jesucristo acerca del dolor y la enfermedad. Esa parte de la condición humana no es un castigo por culpas pasadas, ni propias ni ajenas. Son ocasiones para que Dios se manifieste en el enfermo o en quienes le rodean.

Pero la manifestación de Dios no debe esperarse solo de manera sensorial o física. Ese tipo de milagros existen y Él los realiza cuando es oportuno para las almas. Pero hay otro tipo de milagros más discretos. Son los del crecimiento espiritual: las conversiones, las reconversiones, las intensificaciones de la vida de oración, las mociones interiores que nos llevan a más, la mayor identificación con Jesucristo.

Los cristianos vemos en todo la mano de Dios. Sabemos que no quiere el dolor ni el sufrimiento en sí mismos. Quiere los frutos espirituales que cada uno pueda sacar de ellos.

Así que es importante aprovechar los momentos de enfermedad propia o de los hijos, para cultivar la presencia de Dios; para pedir más Fe, más Esperanza y más Caridad, para ejercitarnos en la entrega amorosa; para practicar la renuncia a la propia comodidad en atención a ellos, nuestros hijos.

Las mujeres tienen esa actitud mucho más a la mano, les nace de su propia condición materna. Así lo ha querido Dios, y de esto se deriva que la figura de la madre esté correctamente asociada con el sacrificio amoroso y la abnegación.

Los padres somos diferentes. No somos de piedra, pero nuestra condición masculina – que nos hace más aptos que las mujeres para otras facetas del trato con los hijos – podría en algún momento volvernos distantes o menos expresivos. Es el lado flaco de la paternidad, un área en la que hay que trabajar en función del mensaje que queramos transmitirles para su futuro.

No se trata de pretender imitar o igualar a la madre, un objetivo que sería absurdo e inútil. Se trata de ser profundamente masculinos pero reciamente espirituales. Así podremos cuidar de nuestros hijos, infundiendo en ellos serenidad y paciencia; ayudándoles a sobrellevar de manera práctica y hasta sonriente las molestias de la enfermedad.

A mí me ayudaba cuando mi papá me daba explicaciones más o menos científicas de lo que me estaba ocurriendo cuando estaba enfermo. Me atraía saber todo eso, y me daba un horizonte. Por ejemplo, cuando entendí que los virus tienen un ciclo, aprendí a tener más paciencia. Cuando me explicó cómo actúan los antibióticos sobre las bacterias, acepté con menos queja las inyecciones y las tabletas. A eso me refiero con un acercamiento práctico y sereno.

Pero más allá, como padres debemos aprovechar esos momentos para cultivar la Fe en nuestros hijos y para intensificar nuestra vida de oración.

Cuando escribo estas líneas mi hija mayor tiene cinco años, así que al hablar de cultivar la Fe me refiero por ahora a cosas muy sencillas, pero sin duda eficaces. Hablo de sugerirle que le pida a Dios una recuperación pronta, recordándole que la oración de los niños es siempre muy bien recibida por Dios. También, de rezar breves oraciones junto con ella para que gane entereza. Y Dios no se deja ganar en generosidad: funciona porque Él actúa. Y, por supuesto, hay que aprovechar para cultivar la Fe de nuestros hijos en la presencia y ayuda de su ángel custodio.

Hasta allí todo transcurre con relativa facilidad. La situación se pone difícil cuando la fiebre no baja, cuando el vómito no se detiene, cuando el desvelo se prolonga, cuando pasan las horas y no comen, cuando aparecen nuevos síntomas, cuando parece que la medicina no hace efecto, cuando el llanto provoca más alarma, cuando vemos sufrir a la esposa con toda razón, cuando tememos que los otros hijos se contagien, cuando toca la dolorosa y difícil toma de muestras de sangre en el laboratorio o poner el catéter para el suero.

Esos son los momentos difíciles. Los instantes oportunos para sujetarse con fuerza de los mantos de nuestro Señor Jesucristo y de nuestra Señora, de las oraciones cortas pero intensas. El tiempo para ofrecer por los pecados propios y del mundo, por aquella necesidad que tanto nos preocupa, por la Iglesia, y por los enfermos que padecen cosas objetivamente peores.

Llanto y desvelo: oportunidad para rezar partes del Rosario o para dialogar con nuestro Señor.

Tensión en la pareja por todo lo que rodea a la enfermedad: oportunidad para rezar por la esposa.

Por fin las aguas se calman, la enfermedad empieza a ceder. Se curan: oportunidad para llenar el día de acciones de gracias.

15. La entrega del esposo a la esposa: un camino de vida espiritual

En nuestro medio abundan las frases hechas y los lugares comunes. Uno de ellos es el que reza "detrás de un gran hombre siempre hay una gran mujer". Pero esa frase suele encerrar machismo y soberbia. A veces es bien intencionada, pero en todo caso es una idea pobre.

Al profundizar en la esencia y en las consecuencias del Sacramento del Matrimonio, resulta que la realidad es superior y más hermosa que lo que esa frase común pretende decir. Visto a la luz de la Fe, que es la más segura de todas, el sentido de la vida del esposo es buscar la felicidad de la esposa, y ella es su camino concreto para alcanzar la santidad. Lógicamente, esto es también real en el otro sentido: el sentido de la vida de la esposa es buscar la felicidad del esposo, y él es su camino concreto para alcanzar la santidad. Todo lo demás que se pueda decir acerca de la relación esposo-esposa sería notas al pie de página de esa idea, o bien derivaciones y aplicaciones de esa realidad esencial. Por ejemplo, la fidelidad y entrega mutua incondicional caen por su propio peso, y también la abnegación del uno por el otro.

Enfocar de esa manera la relación entre marido y mujer es la manera más eficaz de erradicar tanto el machismo como el feminismo. En cuanto al primero, dejaríamos de repetir el absurdo paradigma de la superioridad del hombre sobre la mujer, o de la forzada centralidad del hombre en la historia. En cuanto al segundo, abandonaríamos aquella ridícula manera de "potenciar a la mujer" desde la perspectiva de la lucha de clases, según la cual los oprimidos deberían rebelarse contra los opresores. El machismo y el feminismo solo han acarreado dolor para esos hombres y mujeres, y para sus hijos.

El verdadero marco de comprensión de la relación esposo-esposa es que uno aporta a la relación conyugal y a la familia cosas que el otro no puede por su condición masculina o femenina. Es decir, que lo que a uno le falta al otro le sobra por naturaleza y que, por lo tanto, son personas complementarias[22].

Pero, independientemente de lo que cada uno aporta a la relación conyugal y al cuidado de los hijos, lo que me interesa resaltar es en qué sentido la entrega del esposo a la esposa es un camino de vida espiritual.

Por diferentes vías he llegado a la convicción de que la identidad de esposo y padre se resume en el esfuerzo por apoyar y proteger a la madre y a la maternidad. Me anticipo a alguna reacción feminista: apoyar y proteger, no porque se vea a la esposa desde una posición de superioridad sino porque, aun estando al mismo nivel de dignidad ante Dios, lo real es que la madre necesita apoyo y protección; así de simple. Varón y mujer son complementarios en un trabajo que los supera porque es tarea divina: dar la vida y educar cristianamente a los hijos. En ese contexto no caben argumentos sobre quién es mejor o superior. Ante Dios, esa discusión es absurda y estéril; solo cabe preguntarse

---

22   Sobre la complementariedad entre padre y madre, sugiero leer el análisis de Osvaldo Poli en Corazón de padre: el modo masculino de educar, y el de Patricia Debeljuh en Varón + Mujer = Complementariedad.

cómo vivimos cada vez mejor el matrimonio para hacer cada vez mejor nuestra labor de esposos y padres. No se trata de discutir qué tengo yo de más, sino qué aportamos desde lo masculino y lo femenino para esta misión que nos ha sido encomendada. La motivación no debe ser extrínseca ni intrínseca en esencia, sino trascendente: a Quién debemos servir y a quiénes (los hijos) debemos entregarnos.

Así se comprende que lo más noble que un hombre casado puede hacer en su vida es cuidar de su esposa como don preciado y luchar a diario por hacerla feliz. Y subrayo: hacerla feliz, que es una meta que corre por dimensiones diferentes a otras de carácter inferior como "darle todo" o "darle lujos". Hacer feliz a la esposa no es una meta de grado superior a las materiales; simplemente es de otro orden.

Pero el esposo debe ser consciente de que por sí mismo no puede hacer feliz a nadie porque es un ser limitado y un ser limitado no puede dar a otro ser humano lo que realmente le hace feliz, porque lo que hace realmente feliz a un ser humano es la posesión permanente del sumo bien, y eso solo lo puede dar Dios mismo, que se da a sí mismo.

Así que el esposo debe moverse en un doble carril. Por un lado debe esforzarse humanamente por proveer al hogar tanto bienestar material como le sea posible según su capacidad y su contexto; pero lograr la cumbre de la meta en esa vía no significa ni siquiera haber iniciado el otro camino, que es el espiritual.

Por ese otro lado, el hombre necesita ser un amoroso marido orante. Su actitud esencial debe ser la de oración constante para que Dios le conceda a su esposa todos esos bienes espirituales que sabe dar en su infinita misericordia. El esposo debe orar por la santidad de su mujer con la intensidad de un fuego que arde sin extinguirse. Si en general el cristiano ora con fuerza por el bien de todas las almas, el esposo debe excederse en oración por su esposa. Apoyarla significa ante todo sostenerla con base en la oración, para que Dios le conceda la energía y la fortaleza que requiere esa sublime labor de madre; para que su perseverancia esté fundada en Dios; para que Él, en su infinita misericordia, le libre siempre de todos los peligros del alma y del cuerpo.

Desde un amor manifestado a ese nivel se facilita y se vive mejor el amor humano que, a su vez, debe estar nutrido de pequeños y grandes detalles. Las rosas que le regalamos tienen que ser metáfora de nuestras oraciones; las caricias que le damos tienen que ser manifestación corporal y consecuencia de ese amor superior e intenso que nos une a ella en el plano sobrenatural. El amor a lo divino ilumina y enciende el amor a lo humano.

San José, nuestro padre y señor, es el modelo de esposo. Era un hombre de intensa vida espiritual, con una gran Fe, y Dios se apoyó en ello para hablarle y confiarle su hermosa misión. Una vez que la comprendió, empezó a ser el esposo apoyador, el soporte de Jesús y María, el facilitador, el protector. Pero un soporte, un facilitador y un protector contemplativo en medio del mundo. Realizó sus tareas cotidianas, lo que tocaba en cada momento, atendiendo al llamado de Dios. Fue perseverante en medio de las dificultades, pidió luces para saber cuál era el siguiente paso, fue coherente en su vida para no defraudar ni en lo mínimo al Dios hecho hombre, y tan amoroso y tan fiel como merecía la madre de Dios Hijo[23].

---

23   Cfr. Benedicto XVI, **La infancia de Jesús,** caps. 3, 4 y epílogo.

Todo eso es el ejemplo claro de San José y el plan de vida de un esposo cristiano, ni más ni menos. Nuestros hijos son, en esencia, hijos adoptivos de Dios; y nuestra esposa, la madre que Él ha elegido para ellos. Nuestra misión es reflejo directo de la que Dios encomendó a San José.

Visto así, la vida del esposo y padre cristiano –siendo común y corriente– se mueve en realidad en el plano del querer de Dios. Ser esposo y padre son facetas de la identidad del hombre que, rectamente vividas, manifiestan el obrar de Dios en medio del mundo.

16. Trabajo fuera de casa

Para un padre de familia, el orden de prioridades debe ser el siguiente: Dios, Familia, Trabajo. Como se intuye, el orden no viene dado por el número de horas que se dedica a cada una de esas facetas de la vida. Si fuese así, naturalmente, el trabajo se llevaría el primer lugar.

De modo ascendente, el orden se establece por la finalidad de cada faceta. Se debe trabajar con eficacia, entrega y orden para satisfacer de la mejor manera posible las necesidades económicas de la familia. Así que la finalidad humana del trabajo es la familia. Y se debe vivir la entrega a ella porque esa es nuestra vía para alcanzar la santidad. Así, la finalidad de la vida en familia es alcanzar la plena identificación con Jesucristo, y de esa forma llegar a la Vida Eterna.

En sentido descendente, la infinita misericordia de Dios provee, por medio del Sacramento del Matrimonio, la gracia necesaria para que los cónyuges realicen eficazmente su labor. Dios ilumina y bendice tanto al matrimonio como a sus hijos. Y por su parte, la vida en familia aporta el capital humano y moral necesario para que el trabajo se realice también eficazmente. Por eso digo con insistencia: la empresa vive de lo que no produce, porque vive del capital humano y moral que solo nace y se fortalece en la familia.

Visto así, el orden de prioridades es absolutamente espiritual; y nosotros, como padres, debemos hacer el esfuerzo por aclararlas interiormente. Siempre la tentación será descuidar a la familia y, peor aún, descuidar la relación con Dios, teniendo como excusa lo absorbente que es nuestro trabajo.

De hecho, esto no es nada fácil. Abundan los estudios sobre los efectos nocivos –para la empresa y para los empleados- del conflicto trabajo-familia. Aunque también, por fortuna, abundan ahora los estudios sobre los efectos benéficos de luchar personal y organizacionalmente por alcanzar la integración entre trabajo, familia y vida personal (en esta última área entra la vida de piedad).

Esta abundancia de estudios sobre los pros y los contras, evidencia que es un tema que duele, se padece en todo el mundo de diferentes maneras y tiene consecuencias de todo tipo: graves y muy graves, a veces. Y en el día a día, es difícil explicar a los hijos por qué papá y/o mamá deben ausentarse la mayor parte del día, llegar a altas horas de la noche, trabajar los fines de semana o hacer viajes más o menos prolongados y frecuentes.

Como me sugirió en cierta ocasión una experta en el tema, en primer lugar hay que explicar a los hijos por qué trabajan fuera de casa los padres y/o las madres y por qué lo hacen con tanta dedicación de horas. Y hay que hacerlo porque se debe cuidar que los hijos no perciban que se trabaja sólo por dinero o por lo que el dinero puede comprar (mera motivación extrínseca). Transmitir esa idea a los hijos, en el fondo, sería como decirles "hay cosas más importante que estar con ustedes". Y no es así. Por lo dicho al inicio, si el trabajo no tiene como finalidad una mejor entrega a la familia, deteriora a la familia y nos aleja de Dios.

En cambio, se debe estar convencido y transmitir a los hijos que nuestro trabajo es un medio para ayudar a otras personas y poner a Cristo en la cumbre de las actividades humanas. Hay que encontrar el sentido trascendente de nuestro trabajo, trabajar con ese sentido y comunicarlo oportunamente a los hijos y al cónyuge. Eso ayudará en cierta manera a que surja una misión de familia, con la cual será más fácil comprender que a veces hay que hacer sacrificios, pero que son sacrificios que tienen un sentido.

Pero de todas formas, los hijos perciben la ausencia. Así que el gran reto del padre de familia es luchar por la propia eficiencia y productividad. No se deben utilizar las políticas ni los beneficios de integración trabajo-familia para lograr la productividad de los empleados. Más bien es al revés. Cada empleado debe buscar la mejora de su productividad para que le quede tiempo de hacer uso de esas políticas y de esos beneficios. De nuevo, lo que ayuda es tener un sentido para el trabajo y, humanamente, ese sentido es la familia. El trabajo es un medio orientado a fines superiores, nunca debe ser un fin que supedite otras realidades.

Y Dios da la gracia a quien se la pide. Lo importante es vivir en Dios, abandonarse en Dios. En el fondo, una desordenada dedicación al trabajo podría estar motivada por vanidad profesional, perfeccionismo, autosuficiencia y un poco de ese sentirnos indispensables en la empresa. Si tenemos claras las prioridades Dios-Familia-Trabajo sabremos no sólo ser eficientes para que reste tiempo para los nuestros y para Él, sino que aprenderemos a abandonar el trabajo en manos de Dios, que no es lo mismo que descuidarlo sino eso: ponerlo, confiadamente, en manos de su Providencia. En manos de Dios pues, como dice el Salmo 126: "Si Dios no construye la casa, en vano se cansan los albañiles". Y de ese abandono, fundado en la Fe y la Esperanza, surgirá el tiempo para la Caridad, manifestado en tiempo para la familia y para Dios.

Lo importante es trabajar en presencia de Dios y de cara a Él. Comprender que los temas difíciles no se resuelven por nuestra preocupación humana sino por su ayuda y por nuestra ocupación eficaz. Ocuparse, no preocuparse. Lo importante es comprender que la esposa y los hijos no son sólo compañeros o espectadores del éxito profesional del padre, sino su finalidad humana y medio sobrenatural para alcanzar la santidad.

En ese sentido, ayuda mucho saber que Dios no es avasallador. No espera que le dediquemos más de unos cuantos minutos al día que van más en beneficio nuestro pues nuestra oración en nada modifica su Omnipotencia. Y fuera de esos minutos, le basta, así lo quiere, un ofrecimiento de obras; unas acciones de gracias intercaladas en la jornada; un breve examen para saber cómo va nuestro negocio más importante, que es el de nuestra salvación; unas miradas a esas imágenes de Jesucristo o de la Virgen, que nunca deben faltar en nuestros espacios. Dios, que nos lo da todo, espera pacientemente a que nosotros aprendamos a darnos de a poquitos a Él, pero sin sacarnos del trabajo sino en medio de él. Y no importan tanto las normas de piedad que cada quien elija a lo largo del día, sino la actitud de fondo: trabajar en Dios y para Dios. Todo lo demás vendrá por añadidura.

17. El miedo a ser padre y el miedo a tener hijos

"¿No es verdad que en cuanto dejas de tener miedo a la Cruz, a eso que la gente llama cruz, cuando pones tu voluntad en aceptar la Voluntad divina, eres feliz, y se pasan todas las preocupaciones, los sufrimientos físicos y morales?

Es verdaderamente suave y amable la Cruz de Jesús. Ahí no cuentan las penas; sólo la alegría de saberse corredentores con Él".

San Josemaría Escrivá. Viacrucis, II Estación.

El miedo a ser padre y el miedo a tener hijos son cosas diferentes.

El miedo a ser padre surge de la incertidumbre de no saber si uno tendrá las cualidades o el temple necesario para educar a los hijos. Y creo que, en el fondo, solo tiene dos remedios eficaces. Uno es reforzar la Fe en el efecto del Sacramento del Matrimonio, que da la gracia necesaria precisamente para hacer bien esa tarea, a pesar de las limitaciones personales. El segundo remedio es el abandono en las manos de Dios, que no es insensatez sino resultado de frecuentar los Sacramentos y de pedirle el don de la Fe. Creo que la clave está en comprender que un hecho tan trascendente como ser padre no es algo que se improvisa, ni humana ni espiritualmente. La serenidad y el aplomo con que uno recibe a los hijos, pueden y deben cultivarse. El entrenamiento comienza durante el noviazgo, o quizás antes, con el cultivo de la vida espiritual.

Por otra parte, me parece que va por otro camino lo que llamo aquí "miedo a tener hijos", que se manifiesta en un retraso voluntario de la decisión. En el primer caso, el futuro padre duda de sus capacidades interiores; en el segundo, las da por sentadas o no presta atención. Lo que le preocupa es algo externo: la situación económica futura, la complicación de horarios que supone cuidar de los hijos, el cambio de estilo de vida, el impacto en la carrera profesional.

En esencia, los remedios para ambos tipos de temor son los mismos. Sin embargo, creo que en el segundo caso hay que poner mucho énfasis también en el desarrollo de ciertas virtudes humanas. Después de todo, lo sobrenatural se construye sobre lo humano.

Para quitar de raíz ese miedo a tener hijos, provocado por escenarios negativos que se imaginan, hace falta desarrollar o fortalecer las siguientes virtudes: pobreza cristiana y generosidad. Ninguna de ellas es fácil de comprender en el mundo actual, pero intentaré aportar algunas ideas que pueden ayudar.

Desde hace tiempo, siempre que surge el tema del consumismo en mis clases, he repetido que hay una revolución pendiente en la sociedad actual: la de aprender a vivir con poco. Vivir con poco no significa vivir en la miseria, ni prescindir de lo necesario para una vida sana y digna. La pobreza cristiana consiste en el desprendimiento de los bienes materiales. Y por desprendimiento se entiende lo opuesto a la obsesión por ellos. El cristiano debe vivir centrado en lo importante de la vida (el amor a Dios, el amor a su familia y demás personas, la propia salud espiritual), de tal manera que la búsqueda de los necesarios bienes materiales debe ser efectiva, pero no absorbente en el sentido de restarle tiempo para su esposa e hijos, que es el aspecto que nos ocupa. Y sobre este punto es importante insistir en que el cristianismo no es "providencialismo"; es decir, el cristiano no deja de trabajar esperando que todo le sea dado sino que se esfuerza de modo ordenado, confiando en que Dios ordinariamente da lo necesario por medio del propio esfuerzo[24]. Vivir la pobreza cristiana implica prescindir de lo superfluo, ya que lo superfluo suele preocupar a algunos padres y les desenfoca de su verdadera función, que no es proveer lo que exceda de lo necesario sino educar a los hijos en la Fe y en las virtudes.

Y en cuanto a la generosidad, me parece que estas palabras de San Josemaría son aplicables a la dedicación de un padre a sus hijos: "Con frecuencia viene la tentación de querer reservarse un poco de tiempo para uno mismo… Aprende de una vez a poner remedio a tanta pequeñez, rectificando enseguida" (Surco, 19).

Cuando hablo de generosidad me refiero a esa capacidad que debemos ir desarrollando los padres de decirnos a nosotros mismos que no en algunas cosas para decir sí a la atención de nuestros hijos.

Con la ayuda de Dios y con esfuerzo personal, esas virtudes harán que superemos el miedo a tener hijos.

---

24   Cfr. Vega Ponce, A., **Vivir la pobreza cristiana,** pp. 36-40.

18. Metas, sueños e ilusiones

Para ser padre hay que vivir el abandono en las manos de Dios. La paternidad es una empresa que se vive mejor con un espíritu magnánimo, confiado en Él.

Detrás de ese miedo a la paternidad, que abunda en nuestro tiempo, existe un espíritu apocado por falta de Fe y Esperanza. De ellas derivan el empuje y la valentía, virtudes propias tanto de los padres como de las madres.

Muchas ideas se han amasado en los últimos siglos: el materialismo, el cientificismo, el indiferentismo religioso, las ideas maltusianas, etc. Todo eso ha permeado en la cultura popular e influye de alguna manera en la percepción que se tiene acerca de la paternidad. Me parece que, como consecuencia, muchos hombres se confunden y se agobian pensando en lo que ellos llaman "riesgos económicos de la paternidad". Se refieren a pobres cálculos aritméticos según los cuales, tanto a nivel individual como general, lo mejor es no tener hijos o limitarse a uno por pareja, si lo que se busca es lo que ellos llaman "garantizar el futuro". Y algunas veces, ese razonamiento oculta el miedo a renunciar a ciertas comodidades o a un estilo de vida aburguesado. Lo patético surge cuando esos razonamientos sin fundamento científico se vuelven política de Estado o paradigma incuestionable. Entonces pasa lo que pasa: el invierno demográfico, un fenómeno socioeconómico tan peligroso como incomprendido, que se vive tanto en países industrializados como en países en vías de desarrollo.

En personas concretas, la falacia de la sobrepoblación del planeta se traduce en un apocamiento: se sienten culpables de tener hijos o se sienten agobiados por el futuro si ya los tienen. Gracias a Dios, la misma ciencia está conduciendo a la refutación de esa falacia, porque se están viendo las consecuencias negativas de creer que el crecimiento económico es consecuencia de la reducción de la tasa de natalidad. Tristemente, el análisis de los demógrafos y economistas revela lo contrario[25]. Pero el daño espiritual está hecho: varias generaciones cambiaron la belleza de fundar una familia "por un plato de lentejas", que es la supuesta garantía de confort hasta la vejez.

Para curar esta herida profunda en el espíritu de nuestro tiempo, lo primero que hay que asimilar en la inteligencia es que una persona no puede controlar todas las variables de su vida, ni todos los detalles del presente o del futuro. La inteligencia humana es limitada; la capacidad humana de actuar en el mundo es limitada.

En ese sentido, los cristianos tenemos un enfoque más acertado y eficaz. La vida transcurre en un diálogo entre el esfuerzo humano y la gracia divina. Entra en escena el elemento que completa el rompecabezas: la acción de Dios en el mundo y en la vida particular de cada persona que se abandona en sus manos. Dios existe, es un padre

---

25   Sobre la caída de las tasas de fertilidad, ver United Nations (2015), "World Population Prospects. Key Findings and Advanced Tables". Y sobre las relaciones entre pobreza, riqueza y población, ver Aguirre, S. (2007), "Determinantes del crecimiento económico, población y familia". (Ambos documentos disponibles en línea).

amoroso y actúa verdaderamente en la vida cotidiana de quienes le buscan. Hay que contar con su ayuda para lanzarse a empresas grandes, como la de fundar una familia. El hombre no está solo en el mundo, Dios cuida de él. Lo importante es que el hombre se dé cuenta de ello y acepte vivir en consecuencia.

En ese sentido, me gusta el modelo de los verdaderos empresarios. Son personas magnánimas porque viven de fe; simple fe humana en muchos casos, pero es fe. Un maltusiano o un cientificista no podría ser empresario, porque no soportaría lanzarse al futuro con ese alto grado de "incertidumbre". Pero el empresario desbarata con su vida todo esquema teórico. No le importa si el camino no existe, porque él lo construye sobre la marcha.

Otro modelo que me gusta es el de los constructores de puentes. Saben a dónde quieren llegar, pero para llegar deben construir el puente mismo. Esa es la vida de un padre de familia; esa es la vida de un cristiano, en general. Es la "arriesgada seguridad del cristiano", de la cual hablaba San Josemaría Escrivá[26].

Un padre de familia necesita tanto de la fe humana como de la Fe sobrenatural. La paz interior y el empuje para emprender la tarea surgen del abandono en las manos de Dios. No podemos hacer planes contando solo con los recursos que tenemos en la actualidad. Si así fuera, no llegaríamos a ningún lado ni emprenderíamos nada.

Para hacer realidad ese abandono se debe tener aquello que un sacerdote me explicó en una ocasión: una Fe operativa. Cuando escuché el término me pareció que era una especie de contradicción, pero

---

26   San Josemaría Escrivá, **Es Cristo que pasa**, 58.

entender esa conjugación de términos es dar en la clave de cómo sacar adelante una familia. Fe operativa, me dijo aquel sacerdote, es poner en cada proyecto todos los medios humanos como si no existieran los medios sobrenaturales, y todos los medios sobrenaturales como si no existieran los medios humanos.

Así, un padre de familia debe esforzarse por ser competente y eficaz en su profesión u oficio; proponerse ser el mejor en su campo, pero no por vanidad sino para garantizar su sostenimiento económico, entre otros bienes que derivan de ello. Y por otro lado, debe ser un hombre consciente de estar siempre en presencia de Dios y sacar de allí la energía para transformar "cada momento y circunstancia de su vida" en ocasión para elevar su corazón a Dios y pedirle que bendiga su camino.

La conjugación cotidiana de esas dos realidades hace que un padre cristiano emprenda lo más importante en su vida, no con la irresponsabilidad del atolondrado sino con la magnanimidad de quien sabe que su esfuerzo descansa en los brazos de Dios.

Jesucristo mismo dejó esculpido este criterio en aquella ocasión en la que, según nos cuenta San Lucas, le decía a sus discípulos:

"Por eso os digo: no estéis preocupados por vuestra vida: qué vais a comer; o por vuestro cuerpo: con qué os vais a vestir. ¿Es que no vale más la vida que el alimento, y el cuerpo más que el vestido? Mirad las aves del cielo: no siembran, ni siegan, ni almacenan en graneros, y vuestro Padre celestial las alimenta. ¿Es que no valéis vosotros mucho más que ellas? ¿Quién de vosotros, por mucho que cavile, puede añadir un solo codo a su estatura? Y sobre el vestir,

¿por qué os preocupáis? Fijaos en los lirios del campo, cómo crecen; no se fatigan ni hilan, y yo os digo que ni Salomón en toda su gloria pudo vestirse como uno de ellos. Y si a la hierba del campo, que hoy es y mañana se echa al horno, Dios la viste así, ¿cuánto más a vosotros, hombres de poca Fe? Así pues, no andéis preocupados diciendo: ¿qué vamos a comer, qué vamos a beber, con qué nos vamos a vestir? Por todas esas cosas se afanan los paganos. Bien sabe vuestro Padre celestial que de todo eso estáis necesitados. Buscad primero el Reino de Dios y su justicia, y todas estas cosas se os añadirán. Por tanto, no os preocupéis por el mañana, porque el mañana traerá su propia preocupación. A cada día le basta su contrariedad" (Mt. 6, 24-34).

Me parece que el sentido de estas palabras no conduce al conformismo, a la irresponsabilidad ni a la beatería. Conduce a una vida de trabajo recio para satisfacer las necesidades materiales, que a su vez es una vida con el corazón centrado en lo realmente importante: la vida espiritual. No hay contradicción entre una cosa y otra. Lejos de eso, en esas palabras late la esencia de la vida espiritual, que es un confiado abandono en los brazos de Jesucristo.

Y con esto, vuelvo al inicio y al hilo conductor de lo que he escrito; porque la forma de hacer realidad ese ideal es una vida de oración permanente, una vida de hombres contemplativos en medio del mundo.

Bibliografía

Aguirre, S. (2007), **"Determinantes del crecimiento económico, población y familia"**, Guatemala: FADEP.

Alvare, H., Aguirre, M.S., Arkes, H. et al. (2007), **Matrimonio y bien común: los diez
principios de Princeton**, Barcelona-New York: Social Trends Institute.

Bradford Wilcox, W. (2006), **El Matrimonio importa**, Barcelona-New York: Social Trends Institute.

Catecismo de la Iglesia Católica, (1998), Bogotá: San Pablo.

Chinchilla, N. y Moragas, M. (2010), **Dueños de nuestro destino. Cómo conciliar la vida profesional, familiar y personal**, Barcelona: Ariel.

Debeljuh, P. (2013), **Varón + Mujer = Complementariedad**, México: Lid Editorial.

Escrivá de Balaguer, Josemaría, Santo, (1968), **Conversaciones con Mons. Escrivá de Balaguer**, Madrid: Rialp.

Escrivá de Balaguer, Josemaría, Santo, (1981), **Vía Crucis**, Madrid: Rialp.

Escrivá de Balaguer, Josemaría, Santo, (1988), **Forja**, Madrid: Rialp.

Escrivá de Balaguer, Josemaría, Santo, (1996), **Es Cristo que pasa, homilías**, Madrid: Rialp.

Escrivá de Balaguer, Josemaría, Santo, (2002), **Amigos de Dios, homilías**, Madrid: Rialp.

Escrivá de Balaguer, Josemaría, Santo, (2004), **Camino**, Madrid: Rialp.

Poli, O. (2012), **Corazón de padre. El modo masculino de educar**, Madrid: Palabra

Ratzinger, J. (2005), **Dios y el mundo. Creer y vivir en nuestra época. Una conversación con Peter Seewald**, Barcelona: Random House Mondadori.

Ratzinger, J. Benedicto XVI (2012), **La infancia de Jesús**, Barcelona: Planeta.

Ratzinger, J. Benedicto XVI (2007), **Jesús de Nazareth: del Bautismo a la Transfiguración**, México: Planeta.

Santamaría, M. G. (2005), **Saber amar con el cuerpo: ecología sexual (versión 2.0)**,
Madrid: Palabra.

United Nations (2015), **"World Population Prospects. Key Findings and Advanced Tables"**:https://esa.un.org/unpd/wpp/publications/files/key_findings_wpp_2015.pdf (última consulta mayo 2017)

Vega Ponce, A. (1990), **Vivir la pobreza cristiana**, México: Editora de Revistas.